Forschungsberichte zur forensischen Psychologie

herausgegeben von Gustav Nass, Berlin

Heft 1

Berlin 1965

Walter de Gruyter & Co.

vormals G. J. Göschen'sche Verlagshandlung / J. Guttentag, Verlagsbuchhandlung / Georg Reimer / Karl J. Trübner / Veit & Comp.

Ätiologie und Prophylaxe der Sexualkriminalität

Vorträge
gehalten anläßlich der wissenschaftlichen Tagung
der Sektion Forensische Psychologie
des Berufsverbandes Deutscher Psychologen
am 29. und 30. Mai 1964 in Wiesbaden

Berlin 1965

Walter de Gruyter & Co.

vormals G. J. Göschen'sche Verlagshandlung / J. Guttentag, Verlagsbuchhandlung / Georg Reimer / Karl J. Trübner / Veit & Comp.

Archiv-Nr. 28 45 650
Satz und Druck: Saladruck, Berlin 65

Vorbemerkung

Mit diesem Heft beginnt eine Schriftenreihe, welche Vorträge und Gespräche zwischen Forschern und Praktikern auf dem Gebiete der forensischen Psychologie enthalten wird. Die hier vorliegenden Referate wurden auf einer gemeinsamen Arbeitstagung der forensischen und klinischen Psychologen am 29. und 30. Mai 1964 in Wiesbaden gehalten. Das Rahmenthema begegnete von vornherein auch außerhalb der Tagungsteilnehmer großem Interesse. Vorbeugende Bekämpfung der schweren Sexualkriminalität ist angesichts der Zunahme dieser Deliktsart zu einer dringend notwendigen Aufgabe geworden. Wie ernst es uns damit war, an die Lösung dieser Aufgabe mit der nötigen Sorgfalt und Gründlichkeit, aber auch mit Vorsicht heranzugehen, zeigte besonders das Podiumsgespräch.

Wenn der Inhalt dieses Heftes auch durch die fachliche Orientierung bestimmt ist, so kann dieser doch in einem größeren Zusammenhang gesehen werden, nämlich als Bemühen um Gewinnung wissenschaftlicher Grundlagen zur Vorbereitung gezielter praktischer Maßnahmen auf dem Gebiete der Verbrechensverhütung.

Der Herausgeber dankt dem Hessischen Staatsminister, Herrn *Dr. Lauritzen,* an dieser Stelle für die freundliche Unterstützung durch Gewährung eines Druckkostenzuschusses, sowie den Referenten für ihre wissenschaftlichen Arbeiten.

Der Herausgeber

Inhaltsverzeichnis

Seite

Ansprache des *Hessischen Justizministers Dr. Lauritzen* zur Eröffnung der Arbeitstagung 1

Zur Einführung 3

Gustav Nass:
Der Kampf gegen die Sexualkriminalität 5

Benedikt Herter:
Der konstitutionelle Aspekt bei der Beurteilung der Ätiologie und Prophylaxe von Sexualdelikten 16

Dietrich Abels:
Einige Fälle schwerer sexueller Delinquenz 57

Hermann Laakmann:
Sexualdelikte im Zusammenhang mit Hirnschädigungsfolgen 76

Hans-Georg Mey:
Triebdiagnostische Untersuchungen an jugendlichen und heranwachsenden strafgefangenen Sittlichkeitstätern 85

Otto Ewert:
Erziehungsfehler als Ursachen von Sexualkriminalität 92

Heinz-Dietrich Stark:
Sexuelle Entsagung als Ursache für nichtspezifische Straftaten 98

Abels, Beck, Ewert, Kerschbaum, v. Kracht, Nass:
Podiumsgespräch 116

Ansprache des Hessischen Justizministers Dr. Lauritzen zur Eröffnung der Arbeitstagung

Der Berufsverband der Deutschen Psychologen ist durch seinen Vorsitzenden, Herrn Professor *Bondy*, an mich herangetreten, die Schirmherrschaft für diese Tagung zu übernehmen. Ich habe diesem Wunsche gern entsprochen, 1. weil ich weiß, daß die Psychologen in Hessen schon seit etwa 13 oder mehr Jahren die besondere Aufmerksamkeit der Landesregierung erfahren, 2. weil, wie man mir berichtet hat, Wiesbaden für Sie beginnt, so etwas wie Traditionsstadt zu werden. Die forensischen Psychologen haben hier vor zwei Jahren getagt, und es soll ihnen, wie mir gesagt wurde, in Wiesbaden so gut gefallen haben, daß sie gerne wieder hierher gekommen sind. Ich glaube aber auch sagen zu können, daß ihr Zug nach Wiesbaden nicht nur von der schönen Landschaft, dem Klima, den Brunnen und von den edlen Weinen bestimmt wird, vielmehr in erster Linie wohl von der Tatsache, daß das Hessische Justizministerium das Interesse der Justiz an psychologischen Fragen nicht nur theoretisch erörtert, sondern auch durch die Bestallung von Psychologen, insbesondere spezialisierten Kriminalpsychologen, praktisch bekundet hat. In Hessen sind seit 1951 in fast sämtlichen selbständigen Strafanstalten Psychologen eingestellt worden, die mit ihrer Diagnostikarbeit und therapeutischen Behandlung wesentliche Arbeit für den modernen Strafvollzug leisten, darüber hinaus aber auch durch ihre Gutachten den Gerichten bei der Entscheidung über Strafaussetzung zur Bewährung in Gnadensachen wertvolle Hilfe geben. Ihre Arbeit ist heute aus der Strafvollzugspraxis nicht mehr wegzudenken, und es werden sogar seit einiger Zeit Erwägungen darüber angestellt, wie ihre Tätigkeit und ihre Erkenntnisse in das Ermittlungsverfahren eingebaut werden könnten. Das künftige Strafrecht wird, weil es Maßnahmen der Sicherung und Besserung vorsieht, die Mitwirkung des psychologischen Sachverständigen benötigen, und dieser Sachverständige dürfte kein Theoretiker sein, der gelegentlich einmal einen Rechtsbrecher diagnostiziert, sondern ein Praktiker, der in der Diagnostik von Kriminellen Erfahrung hat. Diese Erfahrung kann er sich entweder in der klinischen Beobachtung oder in der Strafanstalt in der täglichen Gegenüberstellung mit dem Rechtsbrecher erwerben.

Ansprache des Hessischen Justizministers Dr. Lauritzen

Ihr Tagungsprogramm hat mich als Jurist ganz besonders interessiert, und ich glaube, hier im Namen meiner Berufskollegen sagen zu können, daß wir die Erörterung dieser Probleme begrüßen. Wenn uns durch unseren Beruf als Richter oder Staatsanwälte die verschiedenen Formen von Sittlichkeitsverbrechen bekannt sind, so werden wir doch oft erschüttert, wenn wir von einem Sittlichkeitsverbrechen hören, besonders wenn das Leben eines Kindes dabei ausgelöscht wurde. Wir sind Ihnen dankbar für Ihr Bemühen, die Ursachen von schweren Sittlichkeitsdelikten zu erforschen. Wenn man die Ursachen von Triebverbrechen erkennt, kann man Überlegungen darüber anstellen, wie man diese verhindern könnte. Wir Juristen sind uns längst darüber klar, wie wenig man mit Strafen allein ausrichten kann. Indem die Psychologen uns die Ätiologie und Prophylaxe aufzeigen, leisten sie der Justiz einen wichtigen Dienst, den sie mit der Bejahung, Anerkennung und Förderung ihrer Arbeit stets honorieren wird.

Zur Einführung

Das Thema dieser Arbeitstagung wurde auf der vorjährigen Sektionssitzung in Berlin von mir vorgeschlagen und von der Sektionsversammlung als Rahmenthema gebilligt. Wir waren uns von vornherein darüber klar, daß dieses Thema nicht nur bei den Männern der Wissenschaft, sondern auch bei denen, die mit Fällen der Sexualkriminalität in der Praxis befaßt sind, Anklang finden würde. Wir dachten dabei noch nicht an die Öffentlichkeit, obwohl auch sie stark angesprochen sein dürfte; es ist ja eine Fachtagung. Wir müssen, um keine Irrtümer in Laienkreisen entstehen zu lassen, auf eine Erörterung unserer Probleme in der breiten Öffentlichkeit verzichten. Mißverständnisse können entstehen bei der psychologischen Interpretation sexueller Geschehnisse, bei der Beschreibung sexueller Vorgänge mit den Ausdrücken der Fachsprache, bei der Erörterung forensisch-psychologischer Aspekte im Hinblick auf die strafrechtliche Relevanz usw.

Zum Inhalt des Programms: Sie finden als Referenten vorwiegend Männer der Praxis vertreten, d. h. solche, die seit Jahren von Berufs wegen mit der Beurteilung oder Behandlung von Sexualverbrechern befaßt sind und die über ein reiches Beobachtungsmaterial verfügen, das sie nach verschiedenen Richtungen hin durchforscht haben. Sie haben das, was sie hier vortragen, nicht am grünen Tisch ersonnen. Das, worüber sie berichten, sind Ergebnisse rein empirischer Forschung. Diese sind aber nicht auf Grund gezielter Forschungsaufträge gewonnen; leider gibt es bei uns in der Bundesrepublik noch kein kriminologisches bzw. kriminalpsychologisches Forschungsinstitut, sondern sie sind gewissermaßen Nebenprodukte kriminologischer Praxis. Mitunter sind Nebenprodukte eines Vorgangs ebenso wertvoll wie das eigentliche Produkt. Wenn das, was bei der Beurteilung und Behandlung von Sexualverbrechern an Erkenntnissen gewonnen wurde, gewertet wird, so scheint das eben angedeutete hier zuzutreffen. Aber das wird sich erst am Ende dieser Tagung herausstellen.

Zur speziellen Thematik sei bemerkt, daß die einzelnen Referate in einem inneren Zusammenhange stehen, der durch das Rahmenthema Ätiologie und Prophylaxe bereits angedeutet ist; aber sie ergänzen sich auch, und zwar, fast möchte ich sagen, kontinuierlich. Es kam mir bei der Themenstellung nicht darauf an, das Programm nach den Erscheinungsformen der Sexualkriminalität zu gliedern, wie das so häufig geschieht. Die verschiedenen Erscheinungsformen sind ja nur verschiedene Symptome für Ursachen, die wir aufzudecken haben. Ich habe Ursachengruppen zusammengestellt und nach diesen die Themen formuliert, wobei ich noch gar nicht von vornherein wußte, wer das betreffende Thema behandeln würde. Ich habe Glück gehabt, zu den Themen auch diejenigen Referenten zu finden, die sofort bereit waren, das vorgeschlagene Thema so oder in ähnlichem Wortlaut zu übernehmen. Die Tagung gipfelt in dem Podiumsgespräch. Was bis zu Beginn des Podiumsgesprächs vorgetragen und diskutiert wird, kann gewissermaßen als Vorbereitung angesehen werden. In dem Podiumsgespräch sollen dann die Folgerungen aus dem Vorhergehenden gezogen werden.

Gustav Nass

Der Kampf gegen die Sexualkriminalität

von *Gustav Nass*, Wiesbaden

Der Kampf gegen die Sexualkriminalität ist bisher zu Gunsten der Sexualverbrecher verloren worden. Er konnte ja auch nicht gewonnen werden, denn ihm lag, das kann man wohl sagen, eine falsche Konzeption der Strategie und Taktik zu Grunde. Worin bestand diese?

1. Es galt als sicher, daß der sogenannte Sexualtrieb autonom gesteuert wird. Der Mensch sei zu jeder Zeit Herr seiner Triebe, also auch Herr über seinen Sexualtrieb. Man, d. h. der Träger der Vernunft, brauche nur zu befehlen, wann und wo der Trieb in Aktion gesetzt oder seine Funktion abgebrochen oder gebremst werden soll, und schon funktioniere alles nach dem Willen des Vernunftmenschen. Daß die Steuerungsmechanismen mit den Triebabläufen ein in sich geschlossenes System bilden, wollte man nicht wahrhaben. Wie wenig das mit Vernunft zu tun hat, zeigt bereits die Beobachtung der Triebentwicklung, das ist die Ausbildung der Triebkräfte und Funktionen bis zum vernünftigen, das heißt im ursprünglichen Sinne sich vollziehenden, sinnvollen Funktionieren. Ich komme darauf noch zurück. So einfach wäre das also. Die Praxis sieht jedoch anders aus. Weshalb wünscht zum Beispiel mancher Sexualverbrecher seine Entmannung, die Verstümmelung? Sie bedeutet für ihn die Aufgabe alles dessen, was in dem Worte Entmannung nicht besser zum Ausdruck gebracht werden kann. Mit dem Begriff Vernunft können zwar die Philosophen, aber nicht die Kriminalpsychologen etwas anfangen. Oder können Sie etwa autoerotischen Suizid eines ehemaligen Lehrers, eines begabten Naturwissenschaftlers und lebenstüchtigen Mannes mit einem Mangel an Vernunft erklären? Mit einer Moraltheorie, die sich auf Autonomie gründet, kann man Sexualverbrechen nicht bekämpfen.

2. Der Sexualtrieb wurde als biologisch unkompliziert, als eine bestenfalls psychophysische Einheit angesehen, die zwar im Gegensatz zu den meisten Trieben eine gewisse Entwicklungszeit bis zur Fortpflanzungsreife benötigt, aber sonst, abgesehen von den ganz abnormen Fällen, keine Probleme biete. Wir wissen heute, daß

1. der Sexualtrieb aus einem ganzen Bündel von Triebkomponenten besteht und daß
2. die Entwicklung der einzelnen Triebkomponenten nicht kon-

tinuierlich bis zur Reifung erfolgt, vielmehr ständig sich verschiebt, nicht parallel läuft,

3. daß die Umweltfaktoren den vollentwickelten Sexualtrieb in seinen einzelnen Funktionsabläufen und Richtungen verändern können,

4. daß schließlich der biologische Abbau dieser Funktionsgruppen, bedingt zum Beispiel durch Veränderungen des hormonalen Gleichgewichts, zu erheblichen Störungen führen kann.

Das alles kann sich in Verhaltensweisen manifestieren, die gegen die Normen des Zusammenlebens der Ehepartner, der Familie, der menschlichen Gemeinschaft überhaupt, verstoßen. Diese Komplizierung des Sexualtriebes hinsichtlich seiner Entwicklung, Beeinflussung durch Umwelt, Determination durch Anlage und seine Zusammensetzung aus zahlreichen Komponenten läßt es verständlich erscheinen, daß die herkömmlichen Mittel, welche die Entstehung von normwidrigen Verhaltensweisen verhindern sollen, versagen mußten. Wir sind auch heute noch nicht weit über die Abschreckungstheorie, die im Grunde auf einer rein mechanistischen Auffassung von der Triebregulierung beruht, hinausgekommen. Daran ändert auch nichts die Vergeltung durch strenge Bestrafung, die letzten Endes abschrecken soll.

Einen wesentlichen Schritt vorwärts glaubte man getan zu haben durch die Modernisierung des Strafvollzuges, durch die Einrichtung der Bewährungshilfe und schon vorher durch die Institution des Jugendgerichts. Aber diese Maßnahmen schienen immer noch zu summarisch. Sie berücksichtigten kaum die strukturellen Unterschiede der Verbrecherkategorien, genauer: sie behandeln z. B. den Einbrecher nicht anders als den Notzucht- oder Unzuchttäter und sehen Bankraub und Notzucht eben als Gewaltverbrechen an. Ohne gezielte kriminalpädagogische Maßnahmen kommt man in der Behandlung an die differierenden Kriminalitätsformen nicht heran. Man muß sich schon die Mühe machen, die Verbrechensursachen im Einzelfalle zu ermitteln, wenn Kriminalpädagogik überhaupt einen Sinn haben soll.

Ich spreche hier zunächst von der Bekämpfung der Sexualkriminalität beim überführten und verurteilten Täter. An ihn heranzukommen scheint noch am leichtesten, weil man ihn ja erkannt und in Verwahrung und somit unter Kontrolle hat, scheinbar unter Kontrolle hat; denn wie der Triebverbrecher mit seinem Sexualtrieb in der Haft fertig wird, das Problem ist bei uns immer noch nicht gelöst, im Gegenteil, durch die Haft kann der Sexualverbrecher ja nur an der Begehung weiterer Straftaten gehindert, aber keinesfalls in seiner Triebentfaltung gebessert werden. Jeder Zwang bedeutet bei den Triebverbrechern Druck. Druck erzugt Gegendruck, steigert sich zu Überdruck, und Überdruck drängt zur Befreiung und damit zur Begehung neuer Straftaten. Nein, mit dem Einsperren allein ist es nicht getan. Die Rückfallgefahr ist bei bedingter Entlassung zu groß. Die befristete Verwahrung ändert an der neurotischen Triebperversion gar nichts, im Gegenteil, sie lädt Triebenergien auf, die mit elementarer Wucht hervorbrechen, wie die Praxis zeigt. Der Kampf gegen die Sexualkriminalität muß also erstens gezielte kriminalpädagogische Maßnahmen enthalten. Welcher Art diese sein müssen, wird durch die Diagnostik der individuellen Ursachen des Sexualverbrechens bestimmt. Die Diagnostik stützt sich auf die Ursachenforschung, auf die ich noch kurz eingehen kann.

Was nützen aber gezielte Maßnahmen gegenüber dem Verurteilten im Hinblick auf die potentiellen Täter? Die Jagd nach dem Sexualverbrecher ist interessant, für die Öffentlichkeit aufregend. Die ausgesetzten Belohnungen spornen an, schüren die Spannung, verlocken labile, noch nicht Kriminelle zu Betrugsmanövern. Die Beschreibung von Perversionen führt zur Nachahmungskriminalität. Kein noch so hartes und abschreckendes Urteil vermag bei der Masse der potentiellen Täter, darunter müssen wir nicht nur die jetzt und demnächst potentiellen, sondern auch die nachwachsenden Täter verstehen, die Triebabläufe zu richtigem Funktionieren zu bringen. Der Kampf gegen die Sexualkriminalität muß also zweitens die Verhütung miteinbeziehen. Es müssen Maßnahmen getroffen werden, daß es erst gar nicht zu solchen Verbrechen kommt.

Wenn wir das Wort Prophylaxe auf unser Programm gesetzt haben, so ist damit der zweite Punkt angedeutet. Dieser Gedanke kommt nicht von ungefähr. Er liegt quasi in der Luft. Das wird dadurch bestätigt, daß etwa zur gleichen Zeit, nämlich im vergangenen Monat, das Bundeskriminalamt eine Arbeitstagung mit dem Rahmenthema „Vorbeugende Bekämpfung der Jugendkriminalität" veranstaltet hat. Selbst bei der Kriminalpolizei, die sich bisher doch fast ausschließlich mit der Verfolgung und Tatbestandsermittlung von Verbrechen und Verbrechern befaßt hat, stellt man mehr und mehr Überlegungen darüber an, wie man vorbeugen könnte. Ich bin nicht optimistisch genug, zu glauben, daß eine solche Aufgabe von der Kriminalpolizei ohne weiteres geleistet werden könnte; dazu bedürfte es einer Umstellung in der Kriminalpolitik. Es müßte eine Akzentverschiebung stattfinden: Der Schutz der Gesellschaft vor dem aktuellen Verbrecher, die bisherige primäre Aufgabe, welche die Kriminalpolizei mit den Strafverfolgungsbehörden gemeinsam hat, würde in der Rangfolge auf den zweiten Platz gesetzt. Primäre Aufgabe wäre dann die vorbeugende Bekämpfung.

Das ist neu, und wie schwierig das ist, zeigen die anläßlich der Strafrechtsreform angestellten Überlegungen, vorbeugende Maßnahmen zur Sicherung und Besserung zu treffen, das ist der Versuch, aus den mit der Abschreckungs- und Vergeltungspraxis gemachten negativen Erfahrungen die Konsequenzen zu ziehen. Ich sehe durchaus Möglichkeiten für die Kriminalpolizei, auch auf dem Gebiete der Sexualkriminalität vorzubeugen. Voraussetzung der vorbeugenden Bekämpfung ist aber, die potentiellen Täter zu kennen bzw. zu erkennen. Dazu bedarf es einer systematischen Vertiefung der Ursachenforschung, um möglicherweise Symptome zu gewinnen, an denen man den potentiellen Täter rechtzeitig erkennen kann. Wenn Pinatel auf der erwähnten Tagung des Bundeskriminalamtes in seinem Referat über neue Wege der Kriminologie zur Verbrechensverhütung und zur Behandlung von Rechtsbrechern davor gewarnt hat, allzugroße Hoffnungen zu hegen, so kann ich bezüglich den bisherigen Versuchen auf diesem Gebiete nur zustimmen. Das gilt besonders für die sozialpolitischen Maßnahmen. Sie haben keine Abnahme der Kriminalität bewirkt. Das konnten sie auch gar nicht. Da mußte schon Gründlicheres geschehen. Aber was?

Um diese Frage beantworten zu können, muß ich nun einige Ursachen der Sexualkriminalität kurz in Ihr Gedächtnis zurückrufen. Zur Geschlechtsreifung gehört, wie Sie wissen, die Mobilisierung all der Triebkomponenten, die als Teiltriebe im Dienste der biologischen Funktionen stehen. Zur Selbstbehauptung gegenüber dem Mitbewerber, dem Konkurrenten, zum Abdrängen des Gegners bei dem Kampfe um den begehrten Geschlechtspartner ist Aggression erforderlich. Wir sprechen auch von Kampftrieben. Wir wundern uns daher nicht über das natürliche Auflodern der Aggressivität in der Pubertät und in der Nachpubertät. Sie ist anfangs noch nicht zielgerichtet. Die Rauflust der Halbstarken richtet sich schon gegen die Erwachsenen, gegen die andere Generation. Gegen den nicht zielgerichteten Kampftrieb der Pubertierenden haben die Völker seit altersher jene Maßnahmen ergriffen, die geeignet schienen, den Aggressionstrieb aufzufangen und solange zu lenken, bis diese sozial unerfreuliche Phase vorüber war. Die Pubertätsriten primitiver Völker Afrikas und Indiens noch in heutiger Zeit, die Ehevorbereitungskurse indischer Völker im Mittelalter, die griechischen und römischen Erziehungsmaßnahmen des Altertums gehören hierher. Die heutigen Sportwettkämpfe haben ihren Ursprung in den Pubertätsriten, in den Mut- und Bewährungsproben der Primitiven. Das Rittertum hat den sexuellen Aggressionstrieb der pubertierenden Knappen im Waffendienst zu zügeln und den Sexualtrieb im Minnedienst zu veredeln verstanden. Der Begriff der Ritterlichkeit enthält auch das Verhalten in sexueller Hinsicht, Schutz der Frau vor Aggressionen des Mannes.

Sie wissen, daß normalerweise der Ablauf des Triebgeschehens durch die gebahnten Erregungsabläufe in den Hirnzellen gesichert ist. Das ist aber durchaus nicht bei allen Menschen der Fall, und besonders sind die Abläufe nicht von vornherein durch die sexuelle Reifung an sich schon richtig gebahnt. Daher finden wir unter den Sexualdelinquenten stets solche, bei denen die sexuelle Entwicklung irgendwie gestört verlief, sei es, daß die Bahnung des normalen Triebablaufes nicht oder noch nicht stattgefunden hat, wie z. B. bei jugendlichen Notzuchtverbrechern, oder durch ein psychisches Trauma oder eine sonstige Störung eine falsche Richtung erhalten und beibehalten hat oder blockiert ist, so daß es zu Triebstauungen kommt. Derartige Triebstauungen machen sich in Fehlhaltungen und perversen Triebhandlungen Luft. Solche Individuen sind dem Kundigen immer auffällig.

Aber auch dem normalen Menschen sind Tendenzen und Spuren solcher Fehlhaltungen nicht unbekannt. Man denke nur an die Aggressionstendenzen wie Lippenbiß und Kratzen mit Fingernägeln bei überaus leidenschaftlich erregten Sexualpartnern. Den alten Kulturvölkern waren diese Erscheinungen nicht fremd, weshalb sie die Liebesbeziehungen kultivierten. Dadurch wurde erreicht, daß die Triebabläufe in strengen rituellen Bahnen gesichert waren.

Das Mittelalter hat im Abendlande eine dem Sexualtrieb feindliche Einstellung hervorgebracht und auf diesem Gebiete Tabus geschaffen, so daß es dem Zufall überlassen bleibt, ob die Triebabläufe in normale Bahnen gelangen oder nicht. Bei vielen pendelt sich alles normal ein, manche dagegen gelangen erst nach einigen Verirrungen zu normalen Liebesbeziehungen; diejenigen aber, bei welchen der Triebablauf sich nicht normal bahnt, sondern in der Verirrung stecken bleibt, bilden eine mögliche Gefahr für die Umwelt.

Ich möchte die Kasuistik nicht vorwegnehmen. Meine Kollegen werden über Einzelfälle ausführlich berichten. Jetzt sei nur bemerkt, daß z. B. die durch Triebirradiation bewirkte Aggressionshandlung, das ist das Überspringen des noch nicht fest gebahnten Erregungsablaufes innerhalb des Sexualzentrums auf das benachbarte Aggressionszentrum, die sonderbarsten Formen von Sexualdelinquenz auslösen kann, wie etwa Mord an Liebespaaren, mit der Schußwaffe aus der Nähe oder zielsicherer Entfernung, durch Brandstiftung erlangte sexuelle Befriedigung beim Auflodern des Feuers, Befriedigung nach Heranschleichen an eine weibliche Person, verletzen derselben durch Messerstiche in den Rücken, das Umleiten der Aggressionshandlung in narzißtischer Weise auf den eigenen Leib, der sexuelle Suizid und viele andere Arten.

Die meisten Perversionen Erwachsener haben ihren Anfang in der Zeit zwischen der Vorpubertät und der Adoleszenz genommen. In manchen Fällen lassen sich ihre Ursprünge bis in eine dieser Reifungsphasen deutlich zurückverfolgen. Es läßt sich die Ursache nachweisen, wenn man sich nur die Mühe macht, aufzuspüren, wie es z. B. dazu kam, daß der Pubertierende den Anschluß an den normalen Sexualpartner nicht fand, daß sich z. B. ein Fetischismus gleich welcher Art herausbildete.

Wir kennen doch die Ursachen zum größten Teil. Warum wird da nicht aufgepaßt, daß Perversionen sich gar nicht erst entwickeln? Warum hilft man dem jungen Menschen, der schuldlos mit diesen Triebstauungen, Kollisionen, Verbiegungen usw. nicht fertig wird, nicht weiter? Meist wissen es die Eltern nicht. Die Lehrer merken es allenfalls, daß ein Schüler gehemmt und schüchtern ist, daß er leicht verlegen wird und errötet, daß er sich zum einsamen Sonderling oder zum Einzelgänger entwickelt, daß ein anderer sich, — welch ein anständiger Zug! — von Mädchen ganz fernhält, daß einer keine Tanzstunde besuchen will, obgleich er doch sonst alles mitmacht, daß er nicht gleichaltrige Freunde, sondern einige jüngere Jungen als Spielkameraden hat. Das sind alles Symptome, bei denen sich die meisten Eltern noch gar nichts denken, im Gegenteil, man kann sie, wenn man will, sogar als mustergültiges Verhalten deuten und darstellen. Welche Ahnungslosigkeit! Wenn dann der Junge aus gutsituiertem Hause kommt, sonntags die Orgel spielt, ein eifriger Kirchgänger ist, ein wohlerzogener, anständiger, geradezu vorbildlich lebender Jüngling, ein stiller, bescheidener, sparsamer, tugendhafter, fleißiger, im Beruf strebsamer junger Mensch sich als der gesuchte Mörder aus sexueller Leidenschaft entpuppt, dann ruft die Welt nach Rache und Vergeltung, und die Eltern fallen aus den Wolken, anstatt sich vorher ein bißchen mehr um das zu kümmern, was der Junge heimlich in der Freizeit treibt, was sich abends in seinem Bett abspielt, wenn er als Waffenfetischist unter der Decke ein Gewehr abschießt, wenn er einsam durch die Wälder streift, wenn er den Umgang mit Freunden und Mädchen meidet. Hier beginnt der Kampf gegen die Sexualkriminalität, und nicht erst, wenn die Opfer beerdigt und die Täter verwahrt wurden. Oder denken wir an die Hilflosigkeit, mit der die Öffentlichkeit jener anderen Art von Sexualkriminalität begegnet, die man als Alterskriminalität bezeichnet und deren Ursachen auf gewisse Veränderungen im psychophysischen System während der Rückbildungsjahre zurückgeführt werden.

Man kann die psychischen Wirkungen der Rückbildung mit dem Reifungsprozeß vergleichen, nur ist es hier umgekehrt. Wie beim Jugendlichen die Sexualkriminalität scheinbar nicht in das sonstige

Bild des jungen Täters paßt, so läßt sich auch die Alterskriminalität meist nicht in das Bild der Persönlichkeit des alternden Menschen einordnen, und wie in der Pubertät die Reifungslinien, wie Sie wissen, nicht synchron verlaufen, so erfolgt bei der Rückbildung der körperliche Abbau nicht parallel dem geistigen. Es gibt hier wie dort Retardierung und Akzeleration, nämlich einen verzögerten und einen vorzeitig schnellen Abbau von Triebgruppen. Das Tempo und der Umfang des Abbaus werden vom Intelligenzgrad und vom Charakter mitbestimmt. Ich habe bei meinen untersuchten Fällen von Alterskriminalität — es waren über 400 — keinen gefunden, der nach seiner früheren Lebensleistung zu urteilen über dem Durchschnitt intelligent gewesen sein könnte. Degenerationsvorgänge, Abnutzungsschäden des Organismus, plötzliche Außeneinwirkungen usw. bewirken einen nicht voraus zu sehenden Verlauf des Rückbildungstempos. Funktionsdisharmonien und Disharmonien im seelischen Bereich werden vom alternden Menschen oft auf natürliche Weise aufgefangen und ausgeglichen. Im sexuellen Bereich ist das schon schwieriger; besonders bei denjenigen, die mangels geistiger und anderer Interessen nicht sublimieren können, wächst die Gefahr, daß nach Erlöschen des Annäherungstriebes ein zielloser, ungesteuerter Durchbruch des Detumeszenztriebes erfolgt. So finden wir denn auch als spezifisches Delikt der Alterskriminalität ein Sexualdelikt, das dem häufigsten Sexualdelikt der Pubertät vergleichbar ist, weil der Detumeszenztrieb nicht sinnvoll gesteuert wird. Weshalb sind gerade Kinder die Opfer? Weil der Annäherungstrieb gestört ist. Das wird deutlich daran erkennbar, daß der Täter sich solche Opfer aussucht, denen er von vornherein überlegen ist an Alter, an Autorität, an praktischer Lebenserfahrung.

Bei diesen Tatobjekten benötigt er nicht die Komponenten des Annäherungstriebes wie Werbungstrieb, Darstellungstrieb usw. Die Art, wie es nun im einzelnen zur Annäherung an Kinder kommt, ist Ihnen aus der Praxis und aus den Akten bekannt. Nicht bekannt ist der Öffentlichkeit, daß es sich in der Mehrzahl dieser Fälle um Delikte handelt, die von bisher nicht bestraften, unbescholtenen, in Ehren ergrauten Männern wie Rentnern, Kleingewerbetreibenden begangen werden, die ein anspruchsloses Leben führen, bedürfnislos, antriebsarm und interessenlos dahinleben, die im Dorf oder in der Kleinstadt bei Bekannten und Verwandten als die „guten Onkels" beliebt und als Kinderfreunde und Kindernarren bekannt sind, bis das Delikt eingetreten ist. Gegen diese guten Onkels und Opas richtet sich nun eine Aktion: „Warnung vor dem bösen guten Onkel". Aber wie dilettantisch ist es doch, z. B. „Kasperle jagt den guten bösen Onkel". Das ist doch nichts anderes als der Krimi für Klein-Thomas. Damit kann man kaum Sexualverbrechen verhindern. Unsere Fallstudien sehen ganz anders aus. Da werden z.B. kleine Kinder zu einem alten Flickschuster in die Werkstatt geschickt, wo es etwas Interessantes zu sehen gibt. Der Alte klärt die Kinder auf seine Weise auf und treibt mit ihnen sexuelle Spielereien; ein anderer, Instrumentenbauer von Beruf, zeigt den kleinen Mädchen die Montage einer Orgel, und bei diesem interessanten Spiel passiert das Delikt; ein Dritter zeigt den Mädchen allerlei Interessantes in seinem Bahnwärterhäuschen und begeht dabei wiederholt Unzuchtsdelikte.

Muß man denn nun alle Kinder mißtrauisch machen gegenüber den Erwachsenen, die doch ohnehin kaum noch den letzten Rest von Autorität gegenüber der nachwachsenden Generation behaupten können? Mir scheint diese Art von Verbrechensbekämpfung mehr Schaden in den Kinderherzen anzurichten als wirklichen Nutzen zu bringen. Verbrecherjagd als Kasperlespiel halte ich für Gaudi, aber nicht für wirkliche vorbeugende Bekämpfung. Mit solcher Gaudi können sich die Eltern von ihrer Aufsichtspflicht nicht loskaufen. Eine Aufklärung, die sich nur auf die Verbrechenstechnik bezieht, hilft nicht viel, weil immer neue Techniken erfunden werden. Wenn das Kind nicht zum bösen Onkel geht, dann kommt eben der böse Onkel zu ihm, wie das ein Modellfall in Wiesbaden zeigte, wo ein Volkswagen neben einem Kind anhielt, ein Mann ausstieg, das Kind in den Keller zerrte, es würgte, sich an ihm verging und anschließend mit dem Wagen davonfuhr. Nein, nicht die Kenntnis der Verbrechenstechnik allein schützt vor dem Verbrechen, sondern das Erkennen und das Bekämpfen der Ursachen.

Nachdem wir von diesen komplizierten und keineswegs harmlosen, sondern oft gefährlich sich auswirkenden Hintergründen der Entwicklung der Triebkomponenten Kenntnisse besitzen, sollten wir nicht länger zögern, an Erziehungshilfe zu denken. Dazu ist notwendig, daß wir uns klar werden über das, was wir, damit sind nun die Erzieher gemeint, auf dem Gebiete der Sexualerziehung eigentlich wollen. Wir müssen also erstens von den Erziehungszielen ausgehen und müssen abstellen, was bisher falsch gemacht worden ist. Zweitens müssen wir alles das korrigieren, was sich beim Jugendlichen an sexuellen Funktionsabläufen falsch zu bahnen beginnt. Dabei läßt sich nicht das erste von dem zweiten trennen. Die richtige Entwicklung der sexuellen Triebkomponenten kann nur im Hinblick auf die Zielsetzung erfolgen. Durch die richtige Zielsetzung nur ist es möglich, den jungen Menschen von falschen Bahnungen seiner Triebabläufe abzubringen. Bezüglich der ersten Aufgabe, der Besinnung auf das Ziel der Sexualerziehung, müssen wir unterscheiden zwischen Sexus, Eros und Liebe.

Wenn wir diese Unterscheidung vornehmen, wird uns bereits klar, auf was unsere Erziehung zusteuern muß. Sexualität kann niemals

Erziehungsziel sein, man könnte höchstens von Sexualhygiene sprechen. Sexualität ist die Lustgewinnung an sich; diese kann niemals das Ziel sein, nur ein Mittel im Dienste der natürlichen Ordnung. Wo der Mensch auf dieser Stufe stehen geblieben ist, wo Sexualität nur Lustgewinnung bedeutet, da ist der Schritt zur Übertretung der sittlichen Ordnung leicht getan. Da sind Ehebruch, Prostitution, Vergewaltigung, Lustmord, Schändung und Blutschande nicht weit.

Und nun betrachten Sie einmal unsere Massenmedien als Erziehungsmittel. Wenn die Verbrecher schon den kleinen Jungen als Leitbilder verbrecherischer Lebensform und kriminelles Verhalten als Verhaltensmuster dargestellt werden, wenn Dirnentum oder heimliche Prostitution dem jungen Mädchen als Möglichkeiten einer Lebensführung, aber nicht warnend sondern erfolgversprechend dargeboten werden, dann muß ja gegenüber den spannungsgeladenen Unterhaltungsmitteln der erzieherische Einfluß der berufenen Stellen äußerst gering sein. Das Verharren der Jugendlichen und Heranwachsenden auf der Stufe der primitiven Sexualität hat alle die Verstöße gegen die notwendigen sittlichen Ordnungen zur Folge, die uns in erschrekkendem Maße beunruhigen. Sexualität kann sich, wenn sie nicht kultiviert wird, mit Brutalität verbinden. Das ist physiologisch darin enthalten.

Unsere Aufgabe ist es also, den jungen Menschen von der primitiven Sexualität auf eine höhere Stufe weiterzuführen. Eine höhere Stufe ist schon der Eros. Eros ist gebahnte und kultivierte Sexualität. Eros ist das Schöne, das Beglückende im Sinnlichen, das Kultivieren des Sinnlichen. Vom Eros führt kein Schritt zum Sexualverbrechen, wohl aber zum Gebrauch des Sexualtriebes ohne biologischen Sinn, lediglich zum Erlebnis kultivierten Lustgewinns in der Erotik. Sie ist eine Zwischenstufe, auf der sich das Sexualleben vieler Menschen bewegt. Sie ist biologisch zwar nicht notwendig, scheint aber doch in unserem zivilisatorischen Leben eine große Bedeutung zu haben. Aber sie ist nicht so gefährlich, führt jedenfalls nicht unbedingt zu Sexualdelikten. Vielleicht darf man sagen, daß sich auf dieser Stufe das abspielt, was man in übertriebenem Falle als das „süße Leben“ bezeichnet, das zwar gegen die guten Sitten verstößt, aber nicht direkt zur Sexualkriminalität in unserem Sinne gehört. Die erotische Erziehung klammern wir aus. Sie wird von den Massenmedien zur Genüge besorgt. Sollen sie! Solange dadurch nicht die primitive Sexualität ausgelöst wird, was ich keineswegs befürchte.

Das Dritte und Eigentliche, was nur Ziel der Erziehung auf diesem Sektor sein kann, ist die Liebe. Liebe ist das Sichschenken, sich dem andern hingeben. Es ist das große Erlebnis der Hingabe, das natürlichste Gottesgeschenk. Liebe ist zwar Privatsphäre, sie bedeutet aber nicht Egozentrik; denn das Privateste, Intimste ist mit der Sozialsphäre verbunden. Die Individualsphäre der Liebenden wird zur Sozialsphäre. Diese regelt die Liebesbeziehungen im Hinblick auf die Verpflichtungen der Liebenden gegenüber der Nachkommenschaft, der Familie, ja sie macht das Verhalten der Liebenden zum Vor- und Leitbild für die anderen. Der soziale Bezug der Liebenden ist das Leben in der Ordnung, wie es die Familie erlaubt, wie es das Sittengesetz billigt. In Filmen und Romanen werden meist gestörte soziale Ordnungen geschildert. Die menschlichen Konflikte sind ja meist soziale Konflikte, und die Mehrzahl solcher Konflikte entsteht bei dem Übergang einer jungen Generation in die soziale Ordnung der Erwachsenen. Kriminalität ist zu 90 % Entwicklungskriminalität. Wo die Liebesbeziehungen der jungen Menschen in Ordnung sind, da sinkt die Kriminalität, und so greift das, was wir hier zum Gegenstand der Beratungen und Forschung gemacht haben, über auf den großen Fragenkomplex der Kriminalität überhaupt.

Moralphilosophen haben meist so schöne Worte wie Pflichtgefühl und Verantwortungsbewußtsein gerne bereit, wenn es um Erziehungsfragen geht; sie vergessen nur, daß unsere Erzieher und die zu Erziehenden keine Philosophen sind, die ihre Entscheidungen auf Grund von Erkenntnissen und Urteilsbildungen treffen. Unser Tun wird zum größten Teil von Verhaltensmodellen, die uns in der Kindheit und Jugend eingeprägt wurden, gelenkt. Solche Verhaltensmodelle sind die Regulatoren unseres Zusammenlebens. Sie sind „genormt" nach dem, was zweckmäßig, nützlich, ordentlich und der Sitte gemäß ist. Sie werden vorgegeben von den Älteren und nachgemacht von den Jungen; sie werden aber auch oft von anderen „gesetzt" als Mode, als sogenannte Leitbilder. Diese haben keine prägende Kraft und sind hinsichtlich ihrer Dauer nur Eintagsfliegen. In ihrer erzieherischen Bedeutung kann man sie als Disregulatoren bezeichnen. Sie bringen unser soziales, unser Gemeinschaftsleben in Unordnung. Die Hüter der Gesellschaftsordnung, Polizei und Richter, haben mit ihren Auswirkungen zu tun; aber sie können schlechte Verhaltensmodelle, die auch nur für kurze Zeit eingegeben wurden, nicht völlig ausräumen, sondern nur dafür sorgen, daß an die Stelle solcher schlechten Modelle und Disregulatoren richtige Ordnungsmodelle, Regulatoren treten.

Außer den Verhaltensmodellen haben wir noch einen anderen Regulator, der gleichsam ein Zensor ist, nämlich das Gewissen. Gewissensbildung, die wir von den Eltern fordern, bedeutet das Wissen zu einem Zensor machen, der alles das, was mit diesem Wissen nicht übereinstimmt, nicht annimmt und daher als bedeutungslos oder auch seinem Wesen nicht gemäß, nämlich unwesentlich und nicht erstrebenswert erscheinen läßt. Ein Gewissen, welches weiß, daß Sexualität nur unterste Stufe ist, wird eine Ideologie primitiven Luststrebens und hemmungsloser Triebbefriedigung, welche ohne Eros und Liebe ist, ablehnen.

Das Leitmotiv dieser Arbeitstagung möchte ich so formulieren: Der Kampf gegen die Sexualkriminalität ist nur zu gewinnen, wenn wir den Ursachen auf den Grund gehen. Die Ursachen sind zum allergrößten Teil der Wissenschaft bekannt und lassen sich, wie wir noch sehen werden, im Einzelfall nachweisen. Es genügt nicht, sich nur mit dem vollendeten Verbrechen zu befassen und Maßnahmen der Sicherung und Besserung bei überführten Tätern zu ergreifen; wir müssen vielmehr den potentiellen Täter erkennen, und zwar an Symptomen, welche Entwicklungstendenzen zu möglichen sexuellen Delikten sichtbar werden lassen.

Aus der Forschungsstelle für Konstitutions- und Arbeitspsychologie bei der Universität Tübingen
(Leitung: Professor Dr. Dr. h. c. E. Kretschmer †)
und aus der Universitäts-Nervenklinik Tübingen
(Direktor: Professor Dr. W. Schulte)

Der konstitutionelle Aspekt bei der Beurteilung der Ätiologie und Prophylaxe von Sexualdelikten*

von *Benedikt Herter,* Tübingen

Die Konstitutionsforschung untersucht die psycho-physischen Wechselbeziehungen bei Individuen und Menschengruppen, um die kausalen, konditionalen und finalen Faktoren hereditärer, morphologischer, funktionaler, vegetativer, psychomotorischer, psychisch-geistiger, soziologischer, pathologischer und psychopathologischer Art in immer differenzierterer Weise zu erfassen und aufzuzeigen. Sie will so zu einer vertieften und differenziellen Kenntnis der vielschichtigen dynamischen Kräfte, Potenzen und Strukturen in der Humanbiologie und -psychologie vordringen.

Es wäre ein Mißverständnis, die Konstitutionsforschung lediglich unter dem typologischen Aspekt sehen zu wollen oder sie gar mit einer Typologie gleichzusetzen. Die heutige auf internationaler Ebene betriebene Konstitutionsforschung will die Vielfalt der menschlichen Erscheinungsformen und Wechselbeziehungen (s. Abb. 1) nach dem Gesichtspunkt der psycho-physischen Koppelung von Merkmalen bzw. Merkmalsgruppen ordnen und gelangt so — gleichsam als Zwischenstufe — zunächst zu einer typologischen Gruppierung, wobei markante somatisch-psychische „Schnittpunkte von Korrelationen" (*E. Kretschmer*) bzw. beobachtbare und in einer bestimmten Regelmäßigkeit mit einer genügend signifikanten Wahrscheinlichkeit zusammen vorkommende Merkmale, Symptome und Strukturen zu einem Typus zusammengefaßt werden. Aus der Fülle der gegebenen „Welt" erlebt und realisiert jeder durch Anlage und Umwelteinflüsse „so" gewordene Mensch seinen Ausschnitt. Jeder hat seine — konstitutionell akzentuierte — „Merk- und Wirkwelt" (*v. Uexküll,* siehe ferner *Schwidetzki*

* Das Vortragsmanuskript wurde überarbeitet und erweitert.

und *Gehlen,* aber auch *Scheler* und *Spranger).* Je nachdem wohin ihn die „lebensmagnetischen Bilder" *(Klages)* ziehen oder wohin er sich selbst auf Grund der verschiedenartigsten Kräfte und Einflüsse endogener oder exogener Art lenken läßt oder zu steuern vermag, geht sein Lebensweg. Die Konstitutionsforschung bleibt deshalb bei der typologischen Betrachtungsweise nicht stehen, sondern hat stets das Individuum zum Ziel ihrer theoretischen wie praktischen Arbeit, um es unter Beachtung der konstitutionellen Befunde und der individuellen charakterologischen Gegebenheiten zum jeweiligen Zeitpunkt der Entwicklung in seinem Da-sein und So-sein besser verstehen und gegebenenfalls zu einer Änderung seines Verhaltens veranlassen zu können. Sie will somit zu einer ganzheitlichen psycho-physischen Diagnostik, Psychagogik und — sofern erforderlich — Therapie beitragen.

Die Konstitutionsforschung vermag die Ursachen der Sexualdelikte wie auch der übrigen Kriminalität oder anderer asozialer,

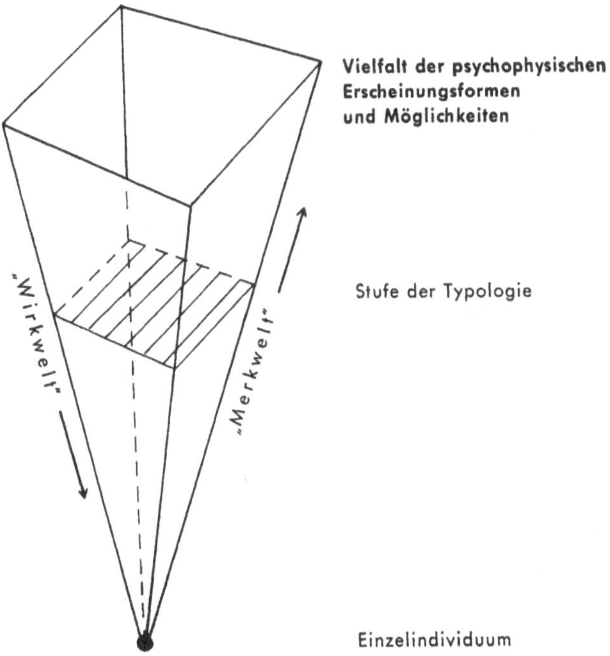

Abb. 1
Die Stellung der Typologie im ätiologisch-diagnostischen Feld

pathologischer oder psychopathologischer Erscheinungsformen allein nicht, jedenfalls nicht genügend vollständig zu erklären. Auch kann sie keine Patentrezepte für die Prophylaxe oder Resozialisierung liefern. Daß dem konstitutionellen Aspekt aber für Ätiologie, Prophylaxe und Resozialisierung von Gesetzesbrechern, speziell auch von Sexualdelinquenten große Bedeutung beigemessen wird, zeigt die Arbeit im Rahmen der Kriminalbiologischen Gesellschaft und das große Interesse, das die Kriminologie an den konstitutionellen Problemen nimmt. Der spanische Jesuitenpater und Professor für Strafrecht in Madrid *Carlos Maria de Landecho* hat erst kürzlich einen zusammenfassenden Bericht über die Frage Körperbau, Charakter und Kriminalität vorgelegt. Er stellt hier die zahlreichen Untersuchungen an Verbrechern zusammen, die sich mit den Konstitutionsformen von *Kretschmer* befassen und würdigt ihre Ergebnisse kritisch, so die Arbeiten von *Viernstein, Michel, von Rohden, Krassnuschkin, Boehmer, Blinkov, Eyrich, Riedl* und *Saza* sowie die Ergebnisse der Doktoranden von *Exner: Schnell, Schiedt, Schmid, Schwaab* und *G. Schwab. De Landecho* wirft am Schluß seiner Arbeit auch in bemerkenswerter Weise die Frage auf, welcher Raum für die Willensfreiheit und damit für die Verantwortlichkeit des Menschen übrig bleibt.

Bevor ich auf die für Ätiologie und Prophylaxe von Sexualdelinquenten relevanten konstitutionellen Beurteilungskriterien näher eingehe, will ich kurz einen Überblick geben über andere Faktoren, die ebenfalls für das Zustandekommen eines Deliktes ganz allgemein, eines Sexualdeliktes im besonderen, von Bedeutung sein können. Es soll dadurch klar werden, daß es den Sexualdelinquenten nicht gibt, bei dem vom Anfang seiner Entwicklung an sämtliche Linien auf das Delikt zulaufen, ebenso wenig wie es — vielleicht von einzelnen ungünstig veranlagten Extremformen abgesehen — den geborenen Verbrecher nach *Lombroso* oder den Neurotiker, den Hirnorganiker, den Alkoholiker, Asozialen, Süchtigen usw. gibt.

Wie in beruflicher, gesellschaftlicher und sozialer Hinsicht bei den einzelnen Menschen verschiedene Interessen und Neigungen festzustellen sind, so sind auch die Triebrichtungen und Intensitätsgrade in den verschiedenen Triebbereichen (siehe die Untersuchungen über Appetenzen bei den Konstitutionsformen von *Mall* oder die triebdiagnostischen Untersuchungen von *Szondi)* nicht gleichartig ausgeprägt. Bei manchen Menschen ist ein vermehrter Hang zum Asozialen, Kriminellen oder in eine bestimmte kriminelle Richtung zu beobachten (Sexualität generell oder in einer oder mehreren ihrer Unterformen, Eigentums-, Rohheitsdelikte usw.). Bei manchen Menschen kommt es nicht oder längere Zeit nicht zur Ausführung einer Tat, obwohl sie sich nicht selten intensiv in Gedanken mit abartigen oder kriminellen

Dingen beschäftigen; z. B. wissen wir aus der Klinik, daß es Männer gibt, die keinen Kontakt zu Mädchen oder Frauen finden, obwohl sie ihn sich wünschen („auch so zu sein wie andere Männer, Familie und Kinder haben"). Sie fühlen sich stärker zu Männern hingezogen oder betrachten gern Knaben z. B. im Freibad, beim Spiel oder auf der Straße, stellen sie sich auch ganz nackt vor, kommen aber nicht zu homosexuellen oder pädophilen Handlungen, weil sie sich beherrschen können oder weil andere Hemmungsfunktionen noch genügend intakt sind. Triebmäßiger Überdruck wird oft masturbatorisch abreagiert. Eine besondere Gefahr entsteht nach Alkoholgenuß. Wir kennen verschiedenartige Sexualtäter (Homosexuelle, Exhibitionisten, Fetischisten, Unzuchttäter mit Kindern usw.), die nur straffällig wurden, nachdem die Hemmungen unter Alkohol gefallen waren.

Ob, wann und wie abartige Tendenzen realisiert werden oder ob sie latent bleiben, hängt vielmals von einer Reihe Faktoren ab, z. B. von Art und Grad „innerer Drangzustände": Ein intelligenter 17jähriger Exhibitionist verspürte seit seinem 10. Lebensjahr den Drang sich Frauen zu zeigen. Es waren keine besonderen sexuellen Erlebnisse während der Kindheit festzustellen. Es sei „plötzlich einfach so über ihn gekommen". Auf die Frage, ob er sich denn nicht beherrschen könne, gab er zur Antwort: „ich beherrsche mich sehr oft, dies gelingt mir auch 100 mal, dann kommt es zwischendurch eben doch wieder mal vor." Diese paarmal genügen jedoch, um die Existenz zu ruinieren (der Lehrmeister hat ihn entlassen, da ein Gerichtsverfahren anhängig ist). Er ist einsichtig und geständig, kann sich nicht erklären, weshalb es zwischendurch doch vorkommt. Der Drang sei wochenlang mehrmals täglich vorhanden, dann verspüre er ihn wieder einige Wochen überhaupt nicht. Dies schwanke periodisch bei ihm. Konstitutionell handelt es sich um einen Pykniker mit dysplastischem (leicht femininem) Einschlag und um eine asynchrone Retardierung (s. unten).

Vielfach spielt eine verwickelte Kette von räumlich-zeitlichen, belastungs- und gewohnheitsmäßigen o. a. Faktoren eine Rolle, wobei nicht selten äußere Umstände (Gelegenheiten, längere Entbehrungen, Verführung odgl.) begünstigend oder gar provozierend wirken können. Manche Personen sind in einer bestimmten kriminellen Richtung spezialisiert, andere sind „Universalgenies".

Anders geartete Menschen werden bei entsprechenden persönlichen, entwicklungsmäßigen und situativen Voraussetzungen vielleicht neurotisch, süchtig, suicidal, psychotisch oder sonstwie auffällig, je nachdem welche „Entgleisungslinie" bei ihnen praedisponiert oder eingeschliffen worden ist, was oft wiederum konstitutionell praeformiert sein kann, wobei der Konstitutionsfaktor jedoch weniger die Richtung als die

Ablaufart der Entgleisung zum Teil wesentlich mitbestimmt[1]. Weshalb ein Mensch kriminell, ein anderer neurotisch oder sonst auffällig wird, wieder ein anderer auch unter schweren Belastungen persönlich, sozial und ethisch intakt bleibt oder sich immer wieder fängt und sogar andere noch aufrichten kann, vermögen wir z. Z. wissenschaftlich noch nicht genügend vollständig zu erklären[2].

Die folgenden Abbildungen sollen zeigen, wie sich die Kriminalität während eines längeren Zeitraumes verhält und von welchen Einflüssen — ohne Anspruch auf Vollständigkeit der Aufzählung erheben zu wollen — im einzelnen ihr Verlauf abhängig sein kann[3]:

Die Sexualkriminalität in Baden-Württemberg (s. Abb. 2) scheint sich im Laufe der letzten Jahre (1958—1962) wieder eingependelt zu haben und bleibt insgesamt offenbar mit kleineren Schwankungen relativ konstant. Die Gesamtkriminalität hat im Bundesgebiet von 1954—1961 sogar um 23 % (bei Weglassung der Verkehrsdelikte, mit den Verkehrsdelikten um 29 %) zugenommen[4].

Es gibt Unterschiede zwischen den Geschlechtern, den Altersgruppen (Erwachsene, Heranwachsende und Jugendliche, Kinder) sowie auch im Bereich der Sexualkriminalität bei einzelnen Delikten (s. Abb. 3): Die Kuppelei ist im Verhältnis zur Gesamtkriminalität und der übrigen Sexualkriminalität bei Frauen fast gleich stark wie bei Männern ausgeprägt, während der Anteil der Frauen an der Gesamt- wie Sexualkriminalität sonst stark vermindert ist. 1959 und 1962 sind die Verhältnisse im Bundesgebiet fast gleich.

---

[1] In diesem Zusammenhang sei auf die Untersuchungen von *W. Schulte* (1951, Entlastungsdepression) und von *Stauder* (1955, Pensionierungsbankrott) hingewiesen, wonach bei entsprechenden Voraussetzungen der Gesamtpersönlichkeit nicht nur durch Belastungs-, sondern auch durch Entlastungssituationen schwere Krisen und Verhaltensauffälligkeiten ausgelöst werden können.

[2] *W. Mende* teilte ein eindrucksvolles Beispiel aus seinen Untersuchungen an den 336 Stunden verschütteten Bergleuten von Lengede mit: Einer der 11 Bergleute glaubte anfangs die extreme Belastungssituation nicht ertragen zu können und wollte Suicid begehen. Er überwand jedoch die Krise (wie?, weshalb?) und wurde bis zur Rettung zum Tröster und Ermunterer der gesamten übrigen Gruppe. 2 weiteren gelang es „durch aktives Handeln für die Gruppe und durch intensive Zuwendung zum einzelnen Leidensgefährten" Abwehrkräfte zu mobilisieren und so die eigene Angst zu überwinden.

[3] Dabei sind wir uns bewußt, daß statistische Angaben für den Einzelfall (s. später) nichts Entscheidendes bedeuten. Von statistischen Überlegungen aus ergeben sich jedoch erste orientierende Hinweise für Ätiologie und Prophylaxe.

[4] Nach einem noch nicht gedruckten Vortrag von Krim.-Hauptkommissar *Zimmermann* vom Bundeskriminalamt Wiesbaden (für die freundliche Überlassung des Manuskriptes und die Erlaubnis zur Verwertung seiner Angaben danke ich verbindlichst, d. Verf.).

Die erfaßten Delikte (hier Notzucht) sinken in Krisenzeiten (s. Abb. 4) erheblich ab, wobei wir die „Dunkelziffer“[5] nicht kennen, um danach z. B. nach den Kriegen sprunghaft anzusteigen. Wenn sich die Zeiten beruhigt haben, pendelt sich die Kriminalitätskurve offenbar wieder ein.

Es sind Schwankungen (s. Abb. 5) räumlicher Art zu beobachten: Großstadt, Mittelstadt, Kleinstadt, Land und auch innerhalb der Altersstufen, wenn man ihren prozentualen Anteil im Bevölkerungsdurchschnitt berücksichtigt.

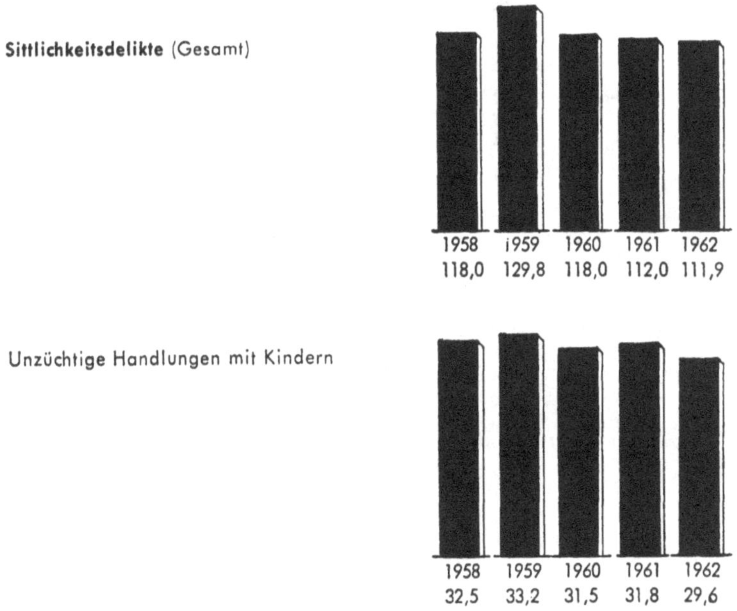

Abb. 2

Verlauf der Sexualkriminalität von 1958—1962 nach der polizeilichen Kriminalstatistik des Landeskriminalamtes Baden-Württemberg, H. 1962

---

[5] Nach *Heindl* gelangt „die weitaus größte Zahl der Verbrechen und Vergehen nicht einmal zur Kenntnis der Polizei“ (zit. nach Zimmermann). Nach *B. Wehner* beträgt die Latenz der Straftaten „minimal etwa 1 : 2 und maximal 1 : 4,5“; d. h. es werden schätzungsweise im Verhältnis zu den angezeigten doppelt bis 4½mal so viele Straftaten begangen, von welchen die Polizei keine Kenntnis erhält. Diese Zahl dürfte sich in Krisenzeiten weiter erhöhen. Von den der Polizei bekannt gewordenen kriminellen Handlungen wird (nach Zimmerman) „nur noch jede zweite Straftat“ aufgeklärt, wovon allerdings der Anteil der Diebstahlsdelikte 80 % beträgt.

Auch sind jahreszeitliche Schwankungen (Sommermonate stärker betont) und eine verschiedene Verteilung der Kriminalität während der Woche (Wochenende betont) festzustellen.

Neben den durch Geburt oder räumlich-zeitliche Umstände gegebenen Faktoren spielen innere und äußere Ursachengruppen eine Rolle, wobei die Persönlichkeit des Täters mehr oder weniger stark aktiv oder passiv beteiligt ist, je nach Intelligenzniveau, Persönlich-

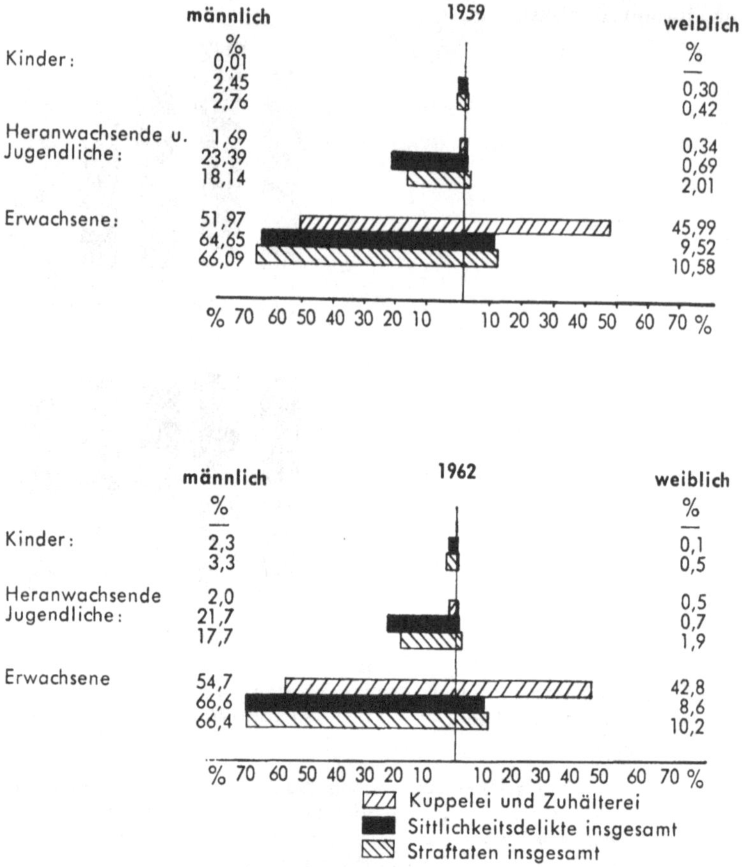

Abb. 3

Verteilung der Kriminalität 1959 und 1962 (Gesamt- und Sexualkriminalität, Kuppelei) auf Geschlechter und Altersstufen (absoluter Anteil), gezeichnet nach der polizeilichen Kriminalstatistik des Bundeskriminalamtes Wiesbaden 1962

keitsstruktur, Reifegrad und Qualifikation der Persönlichkeit, Triebstärke und -richtung, Milieufaktoren, situativen, pathologischen oder psychopathologischen Einflüssen, worauf auch *Nass* hingewiesen hat.

Wir wollen uns jetzt den speziellen Konstitutionsproblemen zuwenden.

Im Begriff der psycho-physischen Konstitution vereinigt sich eine bestimmte körperliche Ausstattung (Gestalt, Muskelkraft, vegetatives System, Psychomotilität) mit speziellen Begabungen, Motivationen, Interessenrichtungen und Persönlichkeitshaltungen in intellektueller, affektiver, temperaments-, antriebs- und willensmäßiger Hinsicht. Die konstitutionsspezifische Kombination dieser Faktoren stellt bei entsprechender Förderung durch die Um- und Mitwelt eine besonders geartete körperliche und psychisch-geistige Reaktionsbasis dar und bildet somit zusammen mit den individuellen Fähigkeiten und Begabungen, die wiederum durch die konstitutionelle Grundlage ihr besonderes Gepräge erhalten, einen wesentlichen Faktor für die Lebensbewältigung.

Es gibt eine Reihe Typologien (z. B. von *Ewald, Jaensch, Jung, Martiny, Pfahler, Sigaud, Spranger, Sheldon*). Einer der umfassendsten

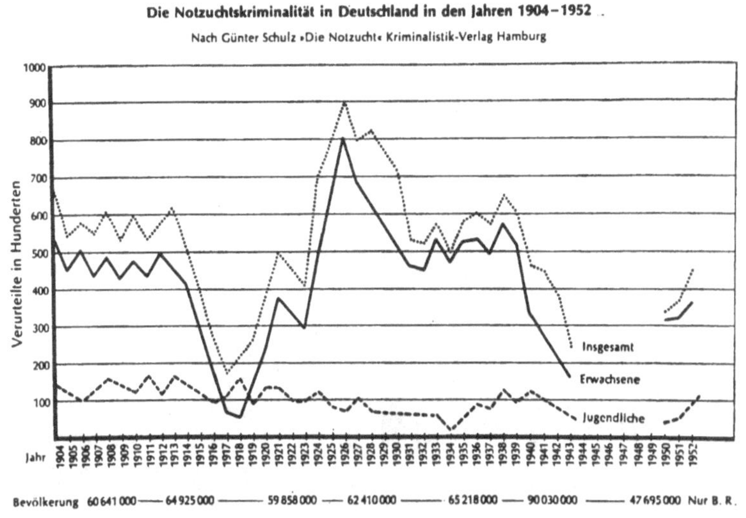

Abb. 4

Verlauf der Kurve für Notzuchtskriminalität in Deutschland von 1904—1952 („normale“ und Krisenzeiten: Kriegs- und Nachkriegszeit), aus: *Eigenbrodt*, Die Notzuchtsdelikte, in: Sittlichkeitsdelikte, hgg. vom Bundeskriminalamt Wiesbaden 1959

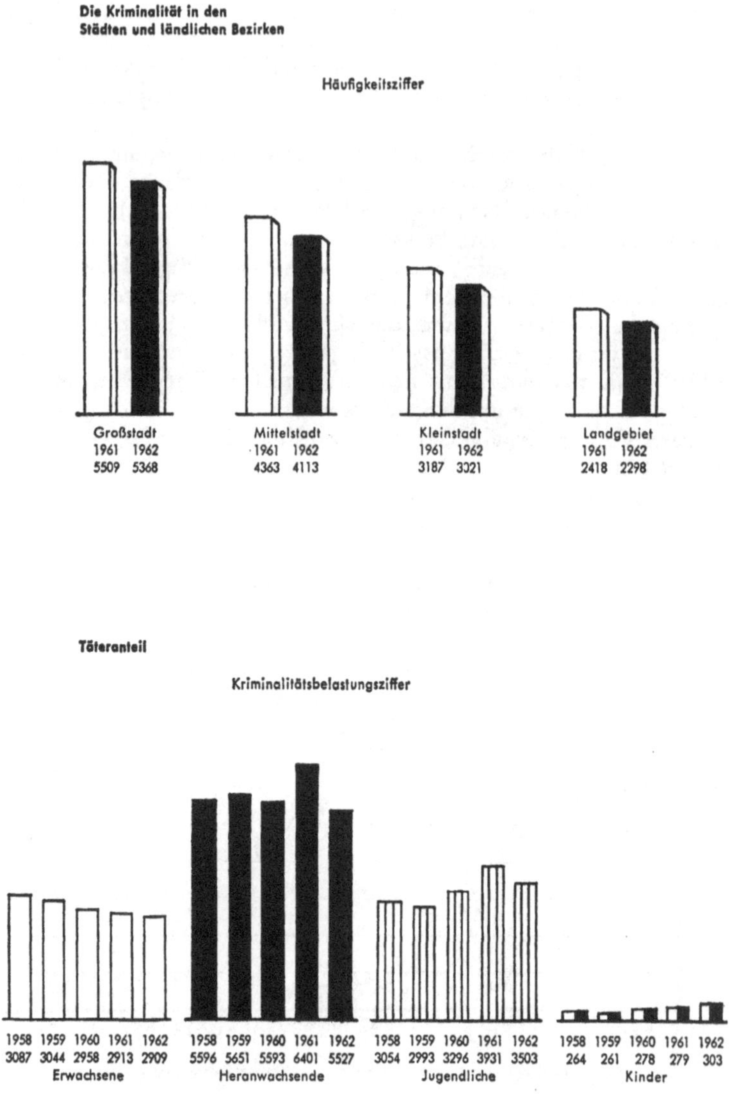

Abb. 5
Räumliche Verteilung der Kriminalität und Verteilung auf die Geschlechter (bezogen auf ihren prozentualen Anteil an der Bevölkerung) nach der polizeilichen Kriminalstatistik des Landeskriminalamtes Baden-Württemberg, 1962

psycho-physischen Ansätze, der weit über den typologischen Aspekt hinausgeht, stammt von *E. Kretschmer*. Mit seiner Konstitutionslehre wollen wir uns nunmehr näher befassen, weil sich daraus für Ätiologie und Prophylaxe auch der Sexualdelikte wesentliche Hinweise ergeben[6].

Die somatische Konstitutionsbeurteilung bei Erwachsenen

Das Wesentliche bei der psycho-physischen Konstitutionsforschung ist, daß die körperliche mit der psychisch-geistigen Seite zwar nicht mit 100 % — was in der Biologie und Psychologie ohnehin eine Ausnahme wäre — jedoch, wie *Hofstätter* nachgewiesen hat, hochsignifikant korreliert, d. h. es ist statistisch sehr wahrscheinlich, daß eine bestimmte körperliche Konstitutionsform mit dem entsprechenden „Charakter", d. h. Temperament und der dazugehörigen im einzelnen beschriebenen psychisch-geistigen Ausstattung häufig zusammen vorkommt. Im Einzelfall muß jeweils geprüft werden, ob und wie (Mischungsverhältnis) die erwartete Entsprechung auch tatsächlich zutrifft oder ob sich Abweichungen ergeben, die wiederum neue diagnostische Aspekte eröffnen und so zu einer weiteren Vertiefung und Verfeinerung des psychophysischen Bildes führen können. Der Vorteil der konstitutionellen diagnostischen Methodik ist, daß wir in den meisten Fällen von der somatischen Seite aus bereits begründete und gezielte Hinweise für psychisch-geistige Besonderheiten bekommen, welchen wir nunmehr mit spezifischen Untersuchungsverfahren weiter nachgehen können. So angewandt ist Konstitutionsdiagnostik weder zu grob noch schematisch, sondern bietet auch für den Einzelfall meist rasch wesentliche Aufschlüsse. Wie bei jedem diagnostischen Verfahren ist auch hier Übung und Erfahrung erforderlich, die aber bei entsprechender sachkundiger Anleitung sicher gewonnen werden kann.

---

[6] Aus zeitlichen Gründen kann ich auf die Methodik der Konstitutionsdiagnostik nicht eingehen. Ich habe sie kürzlich in einem anderen Zusammenhang ausführlich dargestellt (*B. Herter*, 1964 b).

Benedikt Herter

Die psychische Konstitutionsdiagnostik bei Erwachsenen

Tabelle 1

Die Temperamente aus *Kretschmer,* Medizinische Psychologie, 12. Aufl., 1963, S. 208

Tabelle 1:

	Zyklothymiker	Schizothymiker	Visköse
Psychästhesie und Stimmung	diathetische Proportion: zwischen gehoben (heiter) und depressiv (traurig)	psychästhetische Proportion: zwischen hyperästhetisch (empfindlich) u. anästhetisch (kühl)	zwischen explosiv und phlegmatisch
Psychisches Tempo	schwingende Temperamentskurve: zwischen beweglich und behäbig	springende Temperamentskurve: alternative Denk- u. Fühlweise	zähe Temperamentskurve
Psychomotilität	reizadäquat, rund, natürlich, weich	öfters reizinadäquat: verhalten, lahm, gesperrt, steif usw.	reizadäquat, langsam, gemessen, schwerfällig, wuchtig
Affiner Körperbautypus	pyknisch	leptosom	athletisch

Dem Pykniker entspricht das zyklothyme, dem Leptosomen das schizothyme und dem Athletiker das visköse Temperament. Dem Temperament kommt in der Persönlichkeitslehre von *E. Kretschmer* eine zentrale Bedeutung für die Gesamtpersönlichkeit zu. Es drückt sich darin eine bestimmte Art der Affizierbarkeit und des Antriebes aus, also der Art und Weise, wie jemand von Reizen angesprochen wird und auf diese reagiert.

Die Temperamente besitzen aber nicht nur eine Qualität, wie dies bei den populären Temperamentsbezeichnungen des Cholerikers, Sanguinikers, Phlegmatikers und Melancholikers der Fall war, sondern sie sind polar angeordnet und gruppieren sich um eine Mittellage, wobei ein Pol oder die Mittellage vorherrschen kann. Bei auffälligen Persönlichkeiten, insbesondere auch kriminellen, ist oft eine Verschiebung nach einem Pol hin und damit eine wesentliche Ursache für eine Disharmonie der Gesamtpersönlichkeit gegeben. Der andere Pol schwingt aber auch dann stets quasi kontrapunktisch noch mit und kann ebenfalls bei bestimmten Ereignissen oder Erlebnissen mitunter stärker hervortreten; z. B. vorwiegend heitere Menschen können zeitweise depressiv, explosible je nach Anlaß phlegmatisch und kühl und stumpfe Naturen können empfindsam, sogar überempfindlich oder sentimental reagieren: ein brutaler Mädchenmörder pflanzte ein Tannenbäumchen auf das Grab seines Opfers und betete anschließend ein Vaterunser.

Das zyklothyme Temperament schwingt im Rahmen der „diathetischen Proportion" zwischen gehoben (heiter) und depressiv (traurig). Die Mittellage kann man als synton (stimmungsmäßig ausgeglichen) bezeichnen.

Der Schizothyme springt temperamentsmäßig nach der „psychästhetischen Proportion" zwischen hyperästhetisch (empfindlich) und anästhetisch (kalt und stumpf) bei einer Mittellage, die sich als kühl umschreiben läßt.

Das visköse Temperament der Athletiker gruppiert sich um die Pole explosiv und phlegmatisch, die Mittellage ist meist als gutmütig anzusprechen.

Das psychische Tempo der Zyklothymen ist schwingend zwischen beweglich und behäbig, das der Schizothymen ist springend zwischen sprunghaft und zäh, der visköse Athletiker ist haftend, zähflüssig und schwerfällig. Es lassen sich unter Berücksichtigung des Körperbaues und der Temperamente die Denk- und Bewegungsweise, das Arbeits-, Leistungs- und soziale Verhalten der Konstitutionsformen näher charakterisieren, wie ich dies kürzlich ebenfalls ausführlich dargestellt habe (*B. Herter*, 1964 b) und hier nur kurz andeuten kann:

Der Pykniker ist der Gemütsmensch, der sich zwanglos zu einer Gruppe zusammenfindet, wobei genüßliche und gesellige Tendenzen eine Rolle spielen. Er begeht mehr Polizeiwidrigkeiten. Wenn er kriminell wird, ist er vorwiegend der Affekt- oder genüßliche Triebverbrecher. Er neigt — wahrscheinlich wegen seiner erhöhten Soziabilität und der guten emotionalen Einfühlungs- und Schwingungsfähigkeit — am wenigsten zu Kriminalität.

Der Leptosome ist vorwiegend der Verstandesmensch, der sich — wenn überhaupt — mit klarer Zielsetzung oder vorgefaßten Plänen zu Gruppen zusammenschließt, vorwiegend ist er aber Einzelgänger. Er kann überempfindlich aber auch eiskalt und berechnend sein. Es finden sich hier die herzlos-egoistischen oder gerissen-scharf-denkenden Einzelverbrecher; oder wenn sie zusammen mit anderen kriminell werden, sind die Leptosomen oft der Kopf einer

Bande. Nach *Schwab* sind sie vorwiegend unter den Betrügern und Dieben zu finden, wobei eine gewisse Intelligenz und Kaltblütigkeit erforderlich ist.

Der Athletiker ist der Kraft- und Muskelmensch, bei dem die Verstandeskontrolle häufig zurücktritt; er rottet sich zu Gruppen zusammen, meist unter Führung eines anderen, oder er kann gewalttätig und explosiv seine Affekt- oder Triebenergien maschinenartig und stereotyp entladen. Er ist, vor allem wenn ihm gleichzeitig eine schizoide oder primitive Wesensart eigen ist, der rohe und primitive Gewaltverbrecher par excellence.

Durch die Legierung bzw. Mischung der verschiedenen Körperbau- und Temperamentsformen und -pole und durch unterschiedlichen Ausprägungsgrad der Intelligenz- und Persönlichkeitsfaktoren ergeben sich große Variationen in Reaktions-, Leistungs- und sozialer Kontaktfähigkeit, was sich aber diagnostisch bei entsprechender Übung und Erfahrung durchaus erfassen und einordnen läßt. Hier wird die psycho-physische Diagnostik sogar besonders interessant.

Die dysplastischen Spezialformen und Konstitutionsvarianten[7]

Unter Dysplastikern verstehen wir nicht etwa die Menschen, die wir unter die drei Konstitutionsformen leptosom, pyknisch, athletisch oder ihre Mischformen nicht einordnen können. Die dysplastischen Spezialformen und Konstitutionsvarianten weichen vielmehr in den Wuchstendenzen bestimmter Körperregionen (z. B. Hyper- bzw. Hypoplasien, Pigment- und Behaarungsanomalien, Fettverteilung, endokrine Stigmen usw.) oder bezüglich Proportionierung von den Verhältnissen der Grundformen ab.

Es werden mehrere Gruppen von Dysplasien unterschieden, außer dem dysplastischen Hochwuchs sind es Geschlechtsauffälligkeiten, wobei Diskrepanzen in der Sexualkonstitution (Maskulinismen bei Frauen, Femininismen bei Männern, Veränderungen der endokrinen oder chromosomalen Verhältnisse) zu beobachten sind. Ferner: bestimmte Formen der Verfettung, dann der hypoplastische Gesichtstypus, die Akromikrie, Hypoplasien an Rumpf und Genitale (von *W. Kretschmer* näher beschrieben) sowie die Puberaldystrophien, die durch eine besondere Form der Magersucht gekennzeichnet sind.

Auf eine Gruppe will ich kurz näher eingehen, nämlich auf die Proportionsanomalien: verkürzter Rumpf, überlange Extremitäten. Die Überlänge der Extremitäten gehört als (normales) Übergangssymptom in die 1. Hälfte der Pubertät (Pubertätswachstumsschub). Es

---

[7] Abbildungen finden sich bei *E. Kretschmer* und bei *K. Conrad*.

kann (z. B. beim eunuchoiden Hochwuchs) über die Pubertät hinaus persistieren, ist aber auch bei kleinwüchsigen Menschen im späteren Alter vereinzelt zu beobachten und ist dann als gravierendes dysplastisches Symptom anzusehen. Wir hatten kürzlich einen über 60jährigen Mann (Größe: 162,0 cm, Gewicht: 55,5 kg) zur Begutachtung, der ebenfalls eine starke Diskrepanz zwischen Körperlänge und Extremitäten zeigte mit sonstigen unebenmäßigen Ausbildungen am Kopf und am Rumpf. Es handelte sich um einen Asozialen mit über 20 Vorstrafen der verschiedensten Art, wobei auch Sexualdelikte (Sodomie, Kuppelei) eine Rolle spielten. 2 Ehen sind gescheitert, beruflich war nach etwa 20jähriger gleichbleibender Tätigkeit als Handwerker ein Abstieg zu beobachten.

Die Konstitution kann durch frühkindliche Hirnschädigungen, vor allem wenn sie das Hypophysen-Zwischenhirnsystem betroffen haben, von ihrer ursprünglichen konstitutionellen Entwicklungsrichtung abgelenkt werden (prodyskline Konstitutionsabweichung nach *E. Kretschmer)* und so dysplastische Ausprägungen bewirken und verschiedenartige Triebverbildungen und -ablenkungen auslösen oder begünstigen. Dies kann sich, wie wir noch sehen werden, fortsetzen bis in das späte Lebensalter.

Die Dysplasien sind Formen und Auffälligkeiten, wie sie auch in der Literatur *(Lombroso, Krafft-Ebing, Hirschfeld, Bleuler, Kretschmer, Bräutigam, Giese, Plaut* u. a.) gerade bei Sexualdelinquenten gehäuft vorgefunden worden sind.

Die besonderen Schwierigkeiten bezüglich des Leistungs-, Anpassungs- und Kontaktvermögens ergeben sich bei diesen dysplastischen Formen vor allem deshalb, weil sie sowohl somatisch wie psychisch sich widerstrebende und vielmals miteinander widerstreitende Wuchs- und Entfaltungstendenzen zeigen, die nicht selten die psycho-physische Koordinationsfähigkeit der Antriebe und Strebungen hemmen oder enthemmen und die Interessen z. B. bei Divergenzen der Sexualkonstitution in eine abnorme, perverse oder sonstwie sozial auffällige Richtung lenken.

Der enge Zusammenhang zwischen psycho-physisch endogener, oft bereits hereditärer Prädisposition einer Verhaltensweise, mit pathologischen Faktoren, vor allem Disregulationen im Zwischenhirn, im innersekretorischen oder vegetativ-nervösen Bereich, die durch oder wodurch charakterologische oder pathoplastische Faktoren des Milieus in gegenseitiger Wechselwirkung zugespitzt worden sein können, wird hier besonders deutlich. Es ist so verständlich, daß es auf dieser konstitutionellen Grundlage vermehrt zu schweren Lebenskrisen, Lebensschwierigkeiten oder Entgleisungen (auch in die kriminelle oder sonst asoziale Richtung) kommen kann.

Benedikt Herter

Konstitution und Entwicklung bei Jugendlichen

Bei Jugendlichen kommen zu den primären Konstitutionsfaktoren, die im Laufe der individuellen Entwicklung ausgeformt oder unterdrückt worden sind, vor allem während der Pubertät noch die spezifischen entwicklungsbedingten Symptome hinzu. Auf diese Problematik haben vor allem *Conrad, Zeller* sowie die Arbeitskreise um *Kretschmer, Hagen* und *Thomae* hingewiesen.

Herausbildung der Konstitutionsformen im Laufe der Entwicklung (s. Abb. 6)

Wir haben hier bei einer unserer Untersuchungen[8] (siehe *B. Herter*, 1964 c) an somatisch und psychisch unauffälligen Jugendlichen (Lehrstellenbewerber der Industrie, n = 2 × 205) der Altersgruppen 13—21 die zusammengefaßt, die noch nicht klar in eine der bekannten Konstitutionsformen einzuordnen waren (Kurve I). Es sind dies die Uncharakteristischen, die konstitutionellen Vorformen und die Wuchstendenzen. Diese überwiegen in der 1. Hälfte der Pubertät und treten in der 2. stärker zurück.

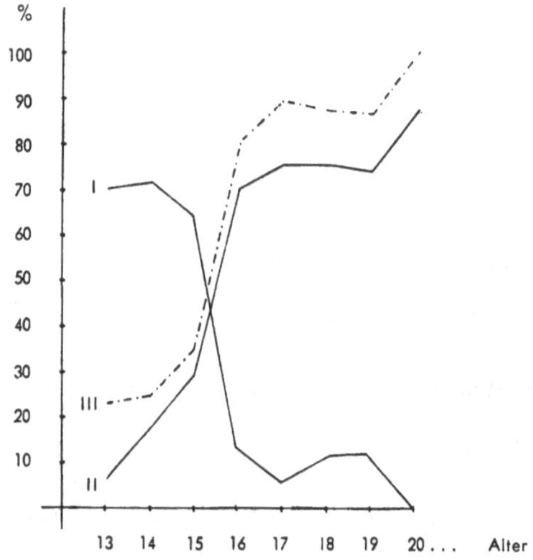

Abb. 6
Herausdifferenzierung der Konstitutionsformen nach *E. Kretschmer* vom 13.—20. Lebensjahr (Erläuterung im Text)

---

[8] Die Auswertung der Ergebnisse wurde teilweise durch finanzielle Unterstützung des Deutschen Jugendinstituts e. V. München ermöglicht.

Umgekehrt (Kurve II) treten von der 2. Hälfte der Pubertät ab die 3 Hauptformen der Konstitution athletisch, leptosom, pyknisch und ihre Mischformen klar heraus. Diese sind vom 20. Lebensjahr ab ausgeprägt und klar diagnostizierbar. Darüber (gestrichelt, Kurve III) erhebt sich die Quote der Dysplasien, die mit ihren Mischgruppen immerhin ca. 10—15 % ausmachen. An reinen Dysplasien haben wir bei unseren Jugendlichen etwa 4 % gefunden.

Untersucht man, wie sich die einzelnen Entwicklungsformen (Retardierung, Akzeleration, altersentsprechende Entwicklung [s. Abb. 7a]), die wir hier lediglich nach den sekundären Geschlechtsmerkmalen beurteilt haben, im Laufe der Pubertät verhalten, so ergeben sich folgende Kurven: Die Retardierung und Akzeleration der sekundären Geschlechtsmerkmale überwiegt stärker in der 1. Hälfte der Pubertät. Dies ändert sich in der 2. Pubertätshälfte. Während die Entwicklungsakzeleration nach dem 18. Lebensjahr nicht mehr festzustellen ist, bleibt die Entwicklungsretardierung mit etwa 10 % auch über die Pubertät hinaus erhalten, d. h. die Menschen, die nach der Pubertät in bezug auf die Ausreifung ihrer Sexualkonstitution nicht dem Alter entsprechen, machen in unserem Material ca. 10—15 % aus und gehen mit dieser Diskrepanz in das Erwachsenenleben hinein. Es ist zwar anzunehmen, daß sich die Divergenzen im Laufe der Jahre noch ausgleichen, aber immerhin sind die Retardierungsstigmen der sekundären Geschlechtsmerkmale nach unseren klinischen Erfahrungen bis tief in

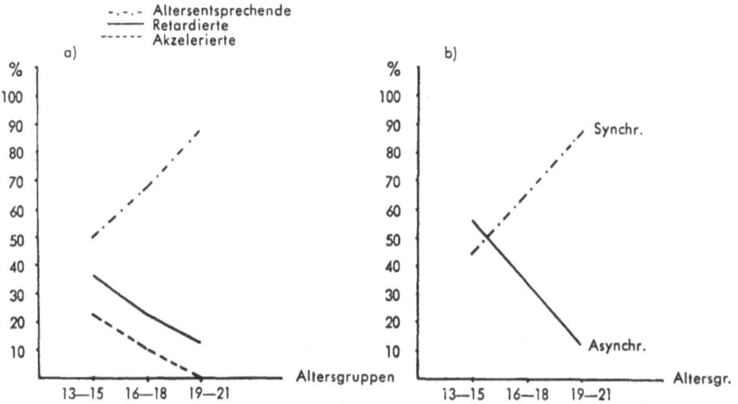

Abb. 7
Verlauf der konstitutionellen Entwicklungsformen und Koordinationsformen vom 13.—21. Lebensjahr nach *B. Herter*, 1964 c (Erläuterung im Text)

das 3. Lebensjahrzehnt hinein zu beobachten. Neben der somatischen gibt es auch eine psychisch-geistige Retardierung; beide gehen oft nicht parallel, sind teilweise sogar gegenläufig, was ich hier nur andeuten kann (siehe dazu die Untersuchungen von *Thomae, Undeutsch, Steinwachs* und *Meinert).*

Ganz ähnlich verhält es sich, wenn man die Koordination der einzelnen sekundären Geschlechtsmerkmale untereinander (s. Abb. 7 b) vergleicht. Wir unterscheiden hierbei 2 Gruppen: Synchronie bedeutet die völlig gleichzeitige Ausprägung aller Entwicklungsmerkmale, während wir unter Asynchronie verstehen, daß ein einzelnes Reifezeichen oder eine Gruppe von sekundären Geschlechtsmerkmalen der jeweiligen Altersgruppe voraus ist, während andere zurückgeblieben sind. Ich kann auch hier nicht näher auf die methodische Seite eingehen (siehe dazu *B. Herter*, 1964 b). Es zeigt sich, daß auch die Asynchronie nach dem Ende der Pubertät ebenfalls mit ca. 10 % fortdauert und noch jahrelang erhalten bleibt. Dazu kommen dann noch Asynchronien des Körperwachstums (Größe, Gewicht, übrige Körperproportionen); ferner Behaarungsdivergenzen, Unterschiede der Muskeltrophik, der vegetativen Steuerung und der Psychomotorik. Auch auf psychischem Gebiet kennen wir Asynchronien, die teilweise in Diskrepanzen der Affektivität oder der psychischen Triebgarnitur (z. B. nach der Pubertät fortdauernde Protesthaltungen oder sich nicht von der Mutter lösen können usw.) ihre Wurzeln haben oder zu solchen Diskrepanzen führen und so bei entsprechender Persönlichkeit (z. B. sthenisch oder besonders weich, triebhaft, anlehnungsbedürftig usw.) und Milieuwirkung (z. B. unverständiger, strenger Vater, weiche, ambivalente Mutter) die Grundlage von mannigfachen Lebensschwierigkeiten u. a. auch sexueller Instinktunsicherheit bilden können.

Auch die Asynchronen treten — wie die Retardierten — mit einer anderen somatischen und auch psychischen Ausstattung nach der Pubertät ins Leben hinein als ihre altersentsprechenden oder akzelerierten synchron entwickelten Altersgenossen. Es ist bekannt, daß gerade die Asynchronen, Retardierten und Dysplastiker besonders zu Neurosen disponiert sind. Sie zeigen nach den Untersuchungen von *Steinwachs, Schick, Schröder* und nach unseren eigenen Beobachtungen besondere Schwierigkeiten bezüglich der Anpassung in Beruf und Gemeinschaft. Es dürfte diesen Formen auch erhöhte Bedeutung für eine Entgleisung in asozialer oder krimineller, insbesondere sexueller Richtung zukommen, worauf *E. Kretschmer* hinweist. Dies ist aufgrund von Untersuchungen an Fürsorgezöglingen, bei denen diese Formen gehäuft beobachtet wurden, bekannt, da bei ihnen oft die somatische und psychische Sexualkonstitution nicht harmonisch ausgebildet ist.

Konstitution und Kriminalität

Schwab hat eine Anzahl von kriminellen Gruppen (s. Abb. 8) zusammengestellt, wobei zu beachten ist, daß gerade der Anteil der Dysplastiker bei den Sittlichkeitsverbrechern in nicht gewalttätiger Richtung noch höher ist als in der gewalttätigen Untergruppe. Bei den gewalttätigen Sittlichkeitsverbrechern überwiegen, wie wir dies aus der Charakterologie der Konstitutionsformen ableiten können, die Athletiker, da diese ja vermehrt zu Gewalttätigkeit und Brutalität neigen, vor allem wenn sie dem gemütskalten und explosiblen Pol angehören und wenn sie vermehrt triebhaft sind. Wir haben bei unseren Untersuchungen in dieser Gruppe vielfach auch Väter oder Stiefväter gefunden, die sich an ihren meist minderjährigen Töchtern vergangen haben.

Auch wenn man die Rückfälligkeit[9] betrachtet, stellt sich heraus, daß die Dysplastiker zusammen mit den Leptosomen führend sind. Die Rückfallverbrecher sind also die kalten, egozentrischen, oft stumpfen oder selbstunsicheren Leptosomen und die unausgeglichenen, von Seiten der somatischen wie psychischen Entwicklung triebmäßig stärker gestörten Dysplastiker, während die Pykniker am wenigsten zu Rückfälligkeit neigen und die Athletiker sich etwa gleich verteilen.

Wenn man den Laufbahnbeginn[9] der Rückfälligkeit näher untersucht, stellt sich heraus, daß die Dysplastiker entsprechend ihrer verspäteten Gesamtentwicklung vor allem auch der Retardierung und Asynchronie der Sexualkonstitution verspätet, aber dann besonders intensiv mit der Kriminalität beginnen und sich auch am längsten halten. Bei der sexuellen Alterskriminalität der Männer sind ebenfalls die Dysplastiker stärker vertreten, was auch *de Landecho* betont. Man sieht, daß die psycho-physischen Triebdivergenzen bis in das hohe Alter hinein anhalten. Die Athletiker scheinen sich am frühesten beruhigt zu haben, da bei ihnen die Kriminalität am ehesten abebbt. Bei den Pyknikern ist die Zacke der Kriminalität vor allem im Alter der Rückbildung (Klimakterium) am stärksten ausgeprägt, während die Leptosomen ebenfalls früh beginnen und sich relativ lang kriminell halten.

Wenn wir uns zum Schluß des ätiologisch-diagnostischen Teiles nochmals die Frage vorlegen, auf welchen Nenner wir die verschiedenartigen Sexualdelikte bringen können, so wird man kaum auf die vereinfachende Formel Anlage—Umwelt zurückgreifen können. Darauf weisen auch *Bürger-Prinz*, *Geisler*, *Giese*, *Kardiner*, *Schelski*, *Scheler* u. a. hin. Es sind vielmehr Faktorenbündel, die teilweise auf recht

---

[9] Siehe dazu die Diagramme von *Schwab* in *E. Kretschmer* Körperbau und Charakter, 23./24. Aufl., S. 354 ff.

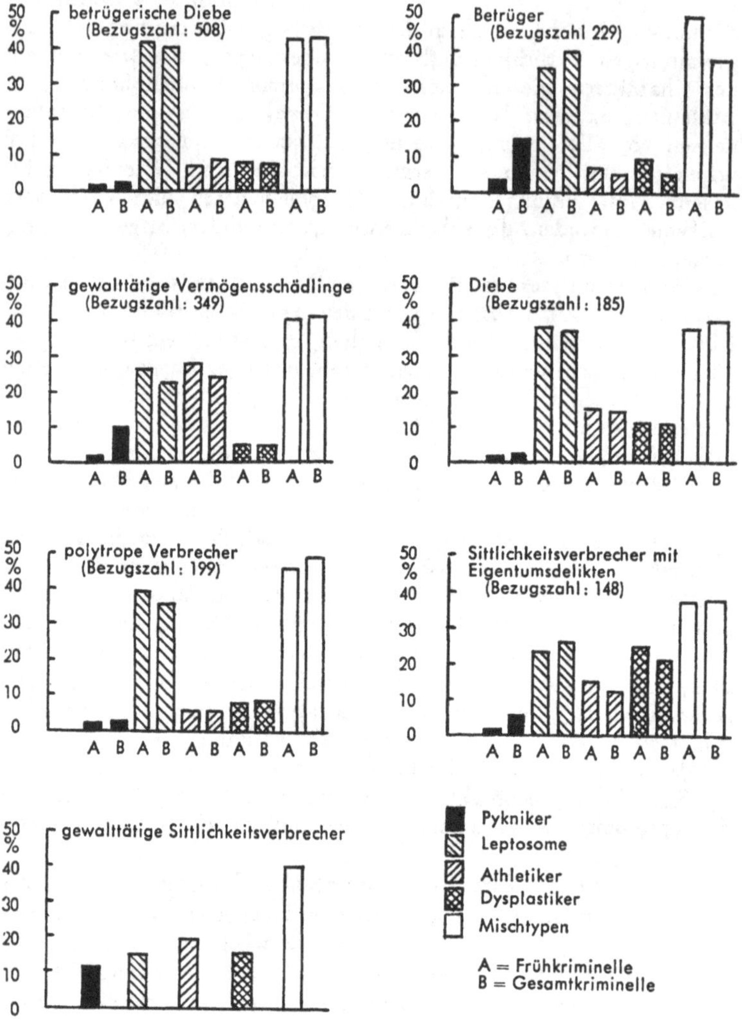

Abb. 8
Verbrechergruppen und Konstitutionsformen nach *Schwab*, aus: *E. Kretschmer*, Körperbau und Charakter, 23./24. Aufl.

verschiedenen Ebenen liegen (biologisch, charakterologisch, soziologisch, ethisch, juristisch, hirnpathologisch, psychopathologisch), wobei zu beachten ist, daß die Persönlichkeit ein integriertes System darstellt (*Thomae*), das aber bei Kriminellen nicht selten gestört ist. Der konstitutionelle Faktor wirkt nicht selten akzentuierend und modifizierend in die verschiedensten Bereiche hinein.

Tabelle 2

Homosexuelle Zwillinge (nach *Kallmann*)
(aus Medizinische Psychologie, 12. Aufl., S. 181)

Anzahl der Paare		Von den konkordanten Paaren gehören die Partner zur Kinsey-Skala 5—6	1—4	Diskordante Paare
EZ	44	31	13	—
ZZ	51	2	11	38
Summe	95	33	24	38

Daß aber nicht nur Milieufaktoren vor allem im Sinne von frühkindlichen traumatischen Erlebnissen bzw. Fehleinschleifungen in der frühen Kindheit — wie die Tiefenpsychologen immer wieder zu betonen geneigt sind — für sexuelle Abartigkeiten eine Rolle spielen, sondern daß ein Anlagefaktor angenommen werden muß, zeigt — beispielhaft — die Zwillingsuntersuchung von *Kallmann* über die Homosexualität: von den EZ sind von 44 Paaren alle mehr oder weniger stark konkordant, d. h. Merkmalsträger (also homosexuell), während von den ZZ von 51 Paaren 38 diskordant sind, d. h. der eine Zwillingspartner ist Merkmalsträger, der andere nicht und nur bei 13, also $^1/_3$, sind beide homosexuell. Damit ist aber weder für die Diagnostik noch für die Prophylaxe etwas Endgültiges festgelegt, wie überhaupt weder durch konstitutionelle, noch durch charakterologische, hereditäre, Milieu- oder Entwicklungsfaktoren allein die Kriminalität insgesamt oder eine bestimmte kriminelle Richtung hinreichend erklärt werden kann oder unabänderlich determiniert ist. Jede Überspitzung oder gar Verabsolutierung eines der vielschichtigen Aspekte verdunkelt den Blick für die tatsächlichen Zusammenhänge, die in jedem Einzelfall bezüglich der Wertigkeit ihrer Faktoren aufgeklärt werden müssen, wie wir im Hinblick auf die mehrdimensionale Diagnostik noch zeigen werden.

Zu der diagnostischen Problematik bemerkt *E. Kretschmer* im Zusammenhang mit der Homosexualität, was aber gleichermaßen auch für andere sexuelle Abweichungen von der Norm gilt: „Man kann also nicht einfach zwischen endogenen und psychogenen Perversionen unterscheiden, noch weniger dogmatisch behaupten, daß alle Perversionen schlechthin endogen oder schlechthin psychogen bedingt wären, sondern man muß in jedem einzelnen Falle unterscheiden, wieviel von dieser speziellen Homosexualität in der Konstitution angelegt, wieviel erst durch psychische Einwirkungen im Laufe des Lebens herausgeholt wurde. Perversionen mit psychogenen Komponenten lassen sich dann oft therapeutisch durch Analyse, Hypnose, Überredung und Erziehung umstimmen."

Prophylaxe von Sexualdelikten

Aufgrund der bisherigen Ausführungen und der allgemeinen Erfahrung wird deutlich, daß sowohl die Erhellung der Ätiologie wie auch die Prophylaxe von Sexualdelikten recht schwierig ist, und daß es nach unserem gegenwärtigen Forschungs- und Wissensstand kaum möglich sein dürfte, Symptome herauszustellen, die mit genügender Wahrscheinlichkeit oder gar mit Sicherheit schon früh auf ein zukünftiges Sexualdelikt hinweisen. Es lassen sich bei Sexualdelinquenten vielfach retrospektiv zwar eine Reihe (früh-)kindlicher Besonderheiten beobachten; diese oder ähnliche Symptome finden sich aber auch bei späteren Neurotikern oder anderen psychisch oder sozial auffälligen Menschen, aber auch bei unauffällig gebliebenen.

Zunächst sollen einige allgemeinere Überlegungen aus klinisch-psychologischer und psychophysischer Sicht skizziert werden, um die Grenzen und Möglichkeiten vor allem der Prophylaxe klarer abschätzen und die individuellen und konstitutionellen Maßnahmen besser einordnen zu können. Gleichzeitig werden dadurch einige Hinweise gegeben, auf welche Fragen und Bereiche sich die Forschung und Praxis der Prophylaxe am zweckmäßigsten zunächst schwerpunktmäßig konzentrieren sollte.

Wissenschaftlich-heuristische Problematik

Diese erwähnten Schwierigkeiten sind wesentlich mitbedingt

a) durch die ungewöhnliche, z. Z. noch kaum überschaubare Komplexität der Bedingungskomponenten, die zu einem Sexualdelikt führen können. Die Faktorenbündel sind z. Z. noch zu unentwirrt, um klare Zuordnungen oder prognostische Hinweise zu gestatten. Die Suche nach Wurzelformen oder Radikalen der Persönlichkeit hat bisher weder von der experimentellen oder deskriptiven Seite her (Schulen *Kretschmer, Kroh, Pfahler, Rohracher* usw.) noch von der Statistik her (Faktorenanalyse) zu befriedigenden Ergebnissen geführt. Dabei wäre aber die Forschung in dieser Richtung gerade für die Kriminalpsychologie und -biologie — wie auch *de Landecho* betont — besonders erwünscht und wahrscheinlich fruchtbarer als die jetzige Einteilung der Deliktformen;

b) sowohl in diagnostischer wie auch in prophylaktischer Hinsicht dürfte die derzeitige Terminologie und Einteilung der Delikte nach Tatgruppen keine vertiefte Einsichten in die Täterpersönlichkeit ermöglichen. Die Gruppierung nach Tatformen (Sexualdelikt, Mord, Betrug, Diebstahl usw.) ist zwar kriminalpolitisch und wohl auch formal-juristisch sinnvoll, jedoch werden damit — dessen muß man sich bewußt sein — keine psycho-physischen Tatbestände erfaßt. Aber nur die Erfassung der vielgestaltigen und vielschichtigen Motive und Antriebe, die zu einem Delikt führen, könnten eine genauere Diagnostik ermöglichen und damit sowohl ätiologisch wie prophylaktisch und prognostisch die entsprechenden Grundlagen liefern. Es wäre hier in Zusammenarbeit der verschiedenen Fachdisziplinen (Juristen, Mediziner, Psychologen, Kriminologen, Soziologen, Theologen, Sozialpädagogen) erst einmal das begriffliche Terrain zu sondieren, um die entsprechenden methodischen Voraussetzungen schaffen zu können.

Biologisch-psychologische Problematik

Alles Lebendige variiert. Wie dies geschieht, hat der belgische Statistiker *Quetelet* schon im letzten Jahrhundert dargestellt. Die Variation folgt der bekannten Gauss'schen Verteilungskurve (Binominalkurve, s. Abb. 9).

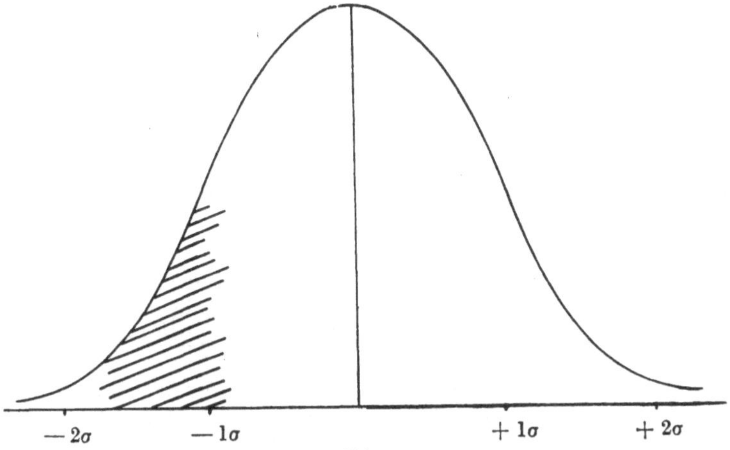

Abb. 9
Binominal-Kurve, „Gefahrenzone" gestrichelt (Erläuterungen im Text)

Wahrscheinlich läßt sich hier auch die Kriminalität in bezug auf den Bevölkerungsquerschnitt einordnen, d. h. es gibt einen bestimmten (kleineren) Prozentsatz von Menschen, die gegenüber asozialen Tendenzen „immun" sind, der größte Prozentsatz dürfte durchschnittlich und unauffällig sein. Eine weitere Gruppe am anderen Ende ist aufgrund von Veranlagung, pathologischen Faktoren, Milieueinflüssen oder sonstigen Einwirkungen besonders empfänglich und leicht geneigt, immer wieder (ins Kriminelle) zu entgleisen (z. B. stark Triebhafte bei gering ausgeprägten Steuerungsfunktionen, eingeschliffene Perversionen usw.). Es sind dies die Menschen, die man im juristischen Sprachgebrauch als „Gewohnheitsverbrecher" bezeichnet; sie tragen den Stempel, daß bei ihnen ohnehin kaum mehr eine wesentliche Besserung zu erzielen ist, was jedoch vor allem bei jüngeren Menschen offenbar nicht generell zutrifft, wie dies vereinzelt mitgeteilte Erfahrungen z. B. über die Boys Town des *P. Flanagan* oder von *Don Bosco* zu bestätigen scheinen, wenn auch die Erfahrungen bei diesem Personenkreis großenteils ungünstig sind, wobei sich die Frage erhebt, ob bei dieser Gruppe das derzeitige System der strafrechtlichen Behandlung überhaupt noch relevant ist.

Dazwischen liegt eine Gruppe, die es schwer hat, sozial intakt zu bleiben, bei der die Gefahr zu entgleisen größer ist als beim Durchschnitt, die sich andererseits aber immer wieder bemühen und aufraffen will, ein geordnetes Leben zu führen. Dieser Bereich ist nicht starr. Es kommen immer wieder Vertreter von der einen Seite der Kurve (bisher unauffällige) dazu und es treten andere aus der „Gefahrenzone" heraus (1—2 mal gestrauchelte, die sich jetzt straffrei halten). Wir haben ja aus einer früheren Kurve (Abb. 4) gesehen, wie sich vor allem in Krisenzeiten und danach die Kriminalität besonders verändert. Aber auch einzelne Deliktarten sind nicht starr auf einen bestimmten Prozentsatz festgelegt: so soll nach einer englischen Statistik, wie *Plaut* mitteilt, die Homosexualität in England und Wales seit 1930 um 850 % zugenommen haben. Dies ist aber, wie auch *Plaut* betont, sicher mit auf die besondere Wachsamkeit der englischen Polizei und auf die immer bessere Aufklärung von strafbaren Handlungen zurückzuführen.

Im Bereich des Durchschnittes und der daneben liegenden „Gefahrenzone" scheint mir das besondere Wirkungsfeld für die Prophylaxe der Kriminalität überhaupt, speziell der Sexualdelikte zu liegen[10].

---

[10] In so allgemeiner Hinsicht vermögen statistische Überlegungen einen Hinweis zu geben. Statistik für die Prognose von Einzelindividuen heranziehen zu wollen und daraufhin sogar Entscheidungen oder Maßnahmen für einzelne Menschen zu treffen, ist äußerst gefährlich und wird dem Einzeltäter — wie mehrfach angeklungen ist — nicht gerecht.

Soziologisch-normative Problematik

Wie wir aus den früheren Abbildungen (Abb. 1, 4) gesehen haben, pendelt sich die Kriminalität mit einem gewissen Spielraum immer wieder auf ein bestimmtes Maß ein. Dies trifft wohl für einen bestimmten Kulturbereich zu, während zu anderen Zeiten in anderen Kulturen mit anderen Ordnungssystemen, verschiedener Volksmoral *(Spranger)*, anderen Tabus *(Metzger)* usw. das Verhältnis anders sein oder sich verschieben kann, je nachdem ob der „Druck von außen" generell oder in einer bestimmten Richtung sich ändert. Dies hängt auch davon ab, wieviel eine Gemeinschaft an Verführungsmöglichkeiten zuläßt (Kleidung, Literatur[11], Bilder, Filme usw.) oder welche durchgreifende exekutive prophylaktische Maßnahmen getroffen werden. Wenn ein bestimmtes Maß an Ordnungsformen sich eingespielt hat oder die prophylaktischen Intentionen erlahmt bzw. festgefahren sind, hält sich offenbar auch, solange sich dieses relative Gleichgewicht nicht ändert, die Kriminalitätskurve in etwa die Waage. Es ist dies ein Vorgang, der in der Biologie, Soziologie und Psychologie ganz allgemein zu beobachten ist.

Individueller Problemkreis

Es ist nicht viel zu hoffen, wenn sich prophylaktische Maßnahmen an ganze Gruppen von Delinquenten (z. B. die Sittlichkeitsverbrecher, Notzuchttäter, Kupplerinnen, Prostituierten usw.) wenden, um diese Gruppen eventuell zu einer generellen Änderung ihres Verhaltens zu bewegen. Die Prophylaxe wie auch eine Therapie wird immer nur auf den einzelnen Menschen ausgerichtet sein können. Beim Einzelnen läßt sich — in gewissen Grenzen — am ehesten eine Änderung seines Verhaltens erreichen, vorausgesetzt, daß die Depravierung der Persönlichkeit nicht erheblich und sein Hang nicht allzu stark eingeschliffen ist und daß es gelingt, ihn persönlich anzusprechen, ihn im Kern seines Wesens anzurühren, ihn emotional zu fassen, ihn menschlich zu binden und ihn herauszuheben aus seinen Verstrickungen, ihn trotz seiner Verfehlungen anzuerkennen und gelten zu lassen als vollwertige Person, ihm Vertrauen und die Hoffnung zu geben, trotz allem ein anerkanntes Glied der Gemeinschaft zu werden und ihn zu stützen, daß er es zu bleiben vermag, wobei auch Rückschläge in Kauf genommen

---

[11] Wie die bekannte Schriftstellerin Zenta *Maurina* kürzlich betonte, sind in Schweden, wo sie seit Kriegsende als Emigrantin lebt, Grimms Märchen in den Volksschulen verboten „um die grausamen Triebe im Menschen nicht schon so früh zu wecken". Sie sagt in diesem Zusammenhang: „Güte, die sich in die Tat umsetzt, erfordert mehr Kühnheit als ein Verbrechen." Dies könnte eine schöne Anregung für die Autoren von Kinder- und Jugendbüchern sein.

werden müssen. Hier ergeben sich in der Praxis oft große Schwierigkeiten. Aber wenn es gelingt, nur 10 % zu resozialisieren bzw. vor Rückfall zu bewahren, würde sich die Arbeit — wie *Göppinger* kürzlich ausführte — bereits lohnen.

Wie Resozialisierung und damit prophylaktische Maßnahmen im Einzelfall durchgeführt werden und woran sie scheitern können, sollen 2 Beispiele zeigen:

Ein junger Homosexueller, der sehr unter seiner Abartigkeit litt, wurde einer längeren psychotherapeutischen Behandlung unterzogen, die in eine berufliche Erprobung als Krankenpfleger ausgemündet ist. Er arbeitet darin seit längerer Zeit unauffällig, ist sehr tüchtig, rührig und umsichtig und hat zu keinerlei Klagen Anlaß gegeben. Es besteht Gelegenheit zu psychotherapeutischen Rücksprachen, sobald diese erforderlich sind. Er wird also für die erste Zeit, bis er sicher geworden ist, noch gestützt.

Ein wiederholt rückfällig gewordener Exhibitionist wurde in eine Heil- und Pflegeanstalt eingewiesen, wo er 3 Jahre in seinem Beruf sehr sorgfältig und gewissenhaft gearbeitet hat. Im letzten Jahr wurde er auf eine Außenstation verlegt, wobei der Therapeut nicht gewechselt hat. Auch dort hat sich im Umgang mit den Menschen draußen im Dorf keine Auffälligkeit gezeigt. Nach 3 Jahren wurde er entlassen; er kam zurück in seine alte Atmosphäre, wo die Leute auf ihn sofort mit Fingern gezeigt haben: „Seht den Sittlichkeitsverbrecher" hätten sie getuschelt. Er war alleinstehend und zudem noch klein, untersetzt, häßlich und unansehnlich von Gestalt, deshalb hat er keinerlei Kontakt gefunden. Nach einem halben Jahr wurde er rückfällig.

Es gibt haltschwache Menschen mit spezieller Triebrichtung, die immer wieder eine Möglichkeit brauchen, Halt zu finden. Es wäre zu überlegen, ob nicht in dieser Hinsicht im Rahmen der Strafrechtsreform und der Reform des Strafvollzuges entsprechende Möglichkeiten geschaffen werden können, z. B. Bewährungsheime oder -stellen, die unter fachkundiger Leitung gefährdete Menschen aufnehmen im Sinne eines Wohnheimes, wobei die Probanden einer Arbeit in der Stadt nachgehen und ihren Lebensunterhalt selbst verdienen könnten. Es würde hier gegeben und ersetzt, was viele Kontakt- und Haltschwache oft entbehren: eine Führung und eine Gemeinschaft, die Möglichkeit der Aussprache und des Kontaktes, ja der gegenseitigen Hilfe. Ein solches Heim könnte auch nach der Entlassung noch einige Zeit die Möglichkeit ambulanter Rücksprache und Führung bieten, wie sich dies seit Jahren bei Schwerbeschädigten und Unfallverletzten im Rahmen der Rehabilitation sehr bewährt hat und wie wir es mit gutem Erfolg praktisch durchführen. Man kann hier wie dort durch entsprechenden Einsatz und fachgemäße Zusammenarbeit eines Teams (Ärzte, Psychologen, Fürsorger, Berufsberater) schöne Erfolge erzielen, wie ich dies kürzlich ausführlich dargestellt habe *(B. Herter,* 1964 a). Das persönliche erfolgreiche Eingehen auf die Besonderheiten des Einzelmenschen, vor allem auch des einzelnen straffällig gewordenen Jugendlichen, behandelt *Zulliger* in seinen verschiedenartigen Schriften immer wieder anschaulich und eingehend. Dieselbe individuelle Art des Vorgehens findet sich in den psychotherapeutischen Überlegungen von *M. Boss* und vor allem auch bei *W. Schulte,* wie er dies erst kürzlich wieder für die Therapie der Süchtigen gezeigt hat. — Auf die grundlegenden und orientierenden Äußerungen der beiden Theologen *Fr. X. Arnold* und *A. Köberle* sei hier ebenfalls hingewiesen.

Es muß hier wie dort der Versuch gemacht werden, die Persönlichkeit zu stabilisieren, oft neu zu orientieren und auch belastende Milieufaktoren (Beruf, Ehe, Kameradschaft) zu beheben. Alle Bemühungen sollen — wie bei jeder Psychagogik und Psychotherapie — Hilfe zur Selbsthilfe sein. Manchmal muß die Hilfe bereits mittelbar ansetzen, wenn man bezüglich eines Sexualdeliktes prophylaktisch wirken will: z. B. bei Menschen, von welchen bekannt ist, daß sie nur unter Alkoholeinfluß entgleisen als Homosexuelle, Exhibitionisten, Fetischisten usw., wie wir dies wiederholt im Rahmen der forensischen Begutachtung kennengelernt haben. Es wäre zu prüfen, ob man hier bei einem solchen Menschen — am besten als Maßnahme des Gerichtes, die bis jetzt jedoch gesetzlich ebenfalls noch nicht vorgesehen ist — zu einem generellen Alkoholverbot für längere Zeit kommen kann, dessen Befolgung überwacht und dessen Übertretung ggfls. geahndet wird. Im Interesse der Verbrechensverhütung wäre eine derartige Maßnahme wohl vertretbar; zu prüfen wäre lediglich, ob sie auch praktisch durchführbar ist, jedenfalls würde sie eine abschreckende Wirkung ausüben, wie gewisse Parallelen — die jedoch auf anderer Ebene liegen — aus dem Verkehrsstrafrecht vermuten lassen. In besonderen Fällen könnte Einweisung in ein Bewährungsheim auf längere oder unbestimmte Zeit erfolgen, sofern derartige Heime auch für Erwachsene geschaffen würden, wie sie für Jugendliche teilweise schon bestehen.

Konstitutionelle Möglichkeiten

Auch für die Prophylaxe bzw. Resozialisierung ergeben sich von der konstitutionellen Seite her wesentliche Hinweise.

Wir haben gesehen, daß der Pykniker der Gemütsmensch ist, aber auch zu besonderer Genüßlichkeit und sinnlicher Triebhaftigkeit neigt. Von beiden Seiten her ergeben sich fruchtbare psychagogische

Ansatzpunkte einmal für die Gemütsbildung und gemütsmäßige Bindung an einen Mitmenschen (Angehörigen, Freund, Bewährungshelfer); dann muß ihm, wenn die genüßliche Komponente in seinem Wesen betont ist, aber auch ein Weg gezeigt werden, sein Genußstreben in sozial erlaubter Weise befriedigen zu können oder seine Triebenergien in anderer, nicht krimineller Hinsicht abzureagieren oder zu sublimieren. Ein entsprechendes Interesse des Probanden bzw. die Umstimmung in seiner Triebrichtung muß langsam geweckt und angebahnt werden, was jeweils einer oft längeren individuellen Klärung und manchmal wochenlangen Einhilfe oder sogar jahrelangen Führung bedarf. Auf dem bereits erwähnten Sektor der Rehabilitation haben wir bei haltschwachen Schwerbeschädigten gute Erfahrung gemacht mit wiederholten ambulanten Bestellungen zu Rücksprachen in bestimmten Abständen, worauf ich kürzlich ebenfalls hingewiesen habe.

Es handelt sich hier um eine lohnende und vielfach auch erfolgversprechende prophylaktische und psychagogische Aufgabe. Gerade bei pyknisch-zyklothymen Menschen, die ohnehin weniger zur Kriminalität, speziell auch zu sexuell abartigen Entgleisungen neigen, ist die Prognose vielfach günstig zu beurteilen, wie folgendes Beispiel zeigt:

Ein 14jähriges vorwiegend pyknisches und zyklothymes Mädchen hat 2 Jahre lang, also bis zum 16. Lebensjahr, nachdem die Eltern morgens früh aus dem Haus gegangen waren, um zusammen ihrem ambulanten Gewerbe nachzugehen, mit dem um 2 Jahre älteren, schwach begabten und hirngeschädigten Bruder regelmäßig mehrmals wöchentlich koitiert. Es war erst etwa 1 Jahr vor Beginn der Vorfälle aus Jugoslawien in die elterliche Familie gekommen, war anlehnungsbedürftig und gefühlvoll. Die Verführung ging vom Bruder aus. Nachdem die Sache entdeckt worden war, wurde der inzwischen aggressiv gewordene Bruder in die Klinik eingewiesen, während das Mädchen an erheblichen Schuld- und Insuffizienzgefühlen gelitten hat. Es war durch eine 2malige vertiefte jeweils mehrstündige Aussprache in Verbindung mit psychologischen Untersuchungen und entsprechender Aufklärung möglich, das Mädchen zur Einsicht zu bringen und zu einem geordneten Lebenswandel zu bewegen. Nachdem es sich danach freiwillig entschlossen hat, zur Beichte zu gehen, was ihm die ganze Zeit nicht möglich war, war auch der innere Friede wieder hergestellt.

Vom Leptosomen haben wir gesehen, daß er mehr der Einzelgänger ist, sich schwerer anschließt, oft zu Gehemmtheit, Kontaktscheu, Minderwertigkeitsgefühlen, Verdrängungen, affektiver und triebmäßiger Blockierung neigt. Andererseits ist er der Verstandesmensch, bei dem, wenn er nicht gerade unterbegabt ist, die intellektuelle bzw. geistig-sittliche Kontrolle angeregt werden kann. Auch ist aufgrund seiner erhöhten Perseverationsneigung der Aufbau und die Einübung von positiven Gewohnheitsbildungen sinnvoll. Nach dem einen Pol zu ist er in seinen qualifizierten Spielarten der empfindsame, hyperästhetische, künstlerisch ansprechbare Mensch. Eine Reihe Homosexueller gehört in diese Gruppe. Wenn jedoch der anästhetische, gemütskalte und stumpfe Temperamentspol vorherrscht und zudem noch die Intelligenz vermindert ist, bei gleichzeitig gestörter Familiensituation, unsteter beruflicher Anamnese, körperlicher oder psychischer Retardierung bei einem wiederholt zutage getretenen Hang in eine bestimmte asoziale oder kriminelle Richtung, oder wenn chronischer Alkoholabusus eine Rolle spielt, ist die Prognose meist nicht günstig. Die Prophylaxe wird hierbei weitgehend darin bestehen, ein geordnetes, klar umgrenztes Milieu zu schaffen, das ihm einen Halt zu geben vermag, den er selbst in sich nicht hat, bzw. die Gemeinschaft vor gemeingefährlichen Elementen wirksam zu schützen.

Der Athletiker ist nach dem einen Pol hin gutmütig, lenkbar und willig. Er ordnet sich einer Führung gerne unter, vor allem je mehr er pyknisch-zyklothyme Komponenten in seinem Wesen vereinigt. Er neigt aber, wenn der andere Pol vorherrscht, zu primitiven, unbedachten, gewalttätigen Handlungen, die — wie wir gesehen haben — auch in sexueller Hinsicht einschlägig sein können, wenn er mehr schizoid oder viskös-epileptoid ist und seine Entgleisungslinie in die sexuelle Richtung geht. Der gutmütige, phlegmatische, anlehnungsbedürftige Typ scheint eher psychagogisch gefaßt werden zu können, als der explosible, reizbare, affektlabile Mensch, der zu Triebentgleisungen und Roheitsdelikten neigt.

Ein Athletisch-Leptosomer mit dysplastischen Einschlägen, schwach begabt, ist von Kindheit auf in Heimen aufgewachsen. Er war in Fürsorgeerziehung und hat wiederholt schon Delikte begangen; zuletzt war er nach § 42 b StGB in einem Psychiatrischen Landeskrankenhaus untergebracht, bekam dort im Rahmen der langsamen Resozialisierung Ausgang und hat die Gelegenheit benützt, ein 12jähriges Mädchen in den Wald zu locken, da er ungewöhnlich triebhaft und labil war. Nachdem er zunächst versucht hatte, sich an dem Mädchen zu vergehen, was nicht gelang, wollte er es mit einem Strumpf erdrosseln, wobei er gestört worden ist. Er ist kaltblütig, rücksichtslos und roh vorgegangen. Er zeigte sich kaum beeindruckt und schob die Schuld für seine Tat auf die widrigen Umstände seiner Entwicklung und auf seine Umwelt.

Beim Dysplastiker spielen — wie erwähnt — nicht selten stärkere somatisch-endokrine, vegetative oder triebhaft und psychisch ungesteuerte Einflüsse eine Rolle. Wenn dann zusätzlich noch eine frühkindliche Hirnschädigung mit prodyskliner Konstitutionsabweichung oder Komplikationen des Milieus insbesondere durch die Familie hinzukommen, ist die Prognose nicht günstig. In diesem Konstitutionssektor ist vor allem immer stets eine genaue, vielseitige, psycho-physische, diagnostische Abklärung und eventuell auch eine Therapie dringend erforderlich. Bei Jugendlichen, die ja vor allem in ihren Ausprägungsformen der Retardierung, Asynchronie und Entwicklungsgehemmtheit konstitutionell und entwicklungsmäßig stärker benachteiligt sind, finden sich vorwiegend exzessive Onanisten, Exhibitionisten, Fetischisten oder andere mehr infantile Triebvarianten, da sie ja aufgrund ihrer psychophysischen Konstitution meist kontaktschwach oder sonst insuffizient sind. Es ist bei ihnen anzustreben, ihnen die Möglichkeit einer Nachreifung und einer besonderen Führung in einer geordneten Milieusituation zu geben. Es sollte hier vor allem von der Möglichkeit Gebrauch gemacht werden, bei Heranwachsenden das Jugendstrafrecht anzuwenden, um so eine zielbewußte pädagogische Führung bis zur Volljährigkeit zu erreichen. Vielfach lassen sich diese Fragen aber nur durch eine eingehende Untersuchung, durch in diesen Fragen besonders erfahrene Experten klären. Der Richter sollte vielleicht mehr von dieser Möglichkeit Gebrauch machen, um der besseren Entscheidung in pädagogischer Hinsicht willen, die ja im Jugendstrafrecht im Vordergrund steht.

Auf prophylaktische Einzelmaßnahmen, die sehr zahlreich und individuell sein können, kann ich nicht näher eingehen. Sie sind weitgehend privater Initiative überlassen. Sie reichen von ernährungstechnischen über medizinische (medikamentöse, chirurgische, psychotherapeutische) und psychagogische Maßnahmen bis zu Ordnung oder Wechsel des Milieus, Aufklärung, individueller Führung, Erziehungsmaßnahmen, Anleitung zur Selbsterziehung, Gewissensbildung und Charakterschulung, was zum Ziel haben könnte, mit den Konflikten und Problemen zu leben, die Spannungen ertragen zu lernen, zu sublimieren, oder sich anderweitig zu engagieren und im Notfall die entsprechenden sozial erlaubten Ventile öffnen zu können. Wer tieferen Einblick hat, weiß, daß hier oft große persönliche Not herrscht, wahrscheinlich mehr als böser Wille. Es soll jedoch nichts bagatellisiert oder beschönigt werden. Es ist bekannt, daß freiwillige Triebversagungen, was von Kindheit auf gelernt und eingeübt werden muß, zu einem Rückstau an Energien führen kann, wodurch, wenn die Sublimation gelingt, ungeahnte produktive Leistungen für Gemeinschaft und Kultur hervorgebracht werden können, wie wir aus der Pubertäts-problematik und der Psychologie der geistig Produktiven wissen. Fehlt die entsprechende Persönlichkeitsqualifikation oder sind die positiven Bahnungen und Gewohnheitsbildungen nicht rechtzeitig erfolgt bzw. handelt es sich um Frustrationen im Triebbereich, so kann der Rückstau von Triebenergien zu ungesteuerten Entgleisungen oder Aggressionen führen, wobei sich nicht selten Bündel verschiedener energetischer Nebenzentren (Neid, Haß, Mißgunst, Antipathie, Insuffiziensgefühle usw.) assoziieren und dem energetischen Triebhauptzentrum (z. B. Frustration des Sexualtriebes) zugesellen, wodurch es zu einer (scheinbar) sinnlosen und abrupten Entladung kommt. Bei solchen Menschen ist besondere Wachsamkeit und Führung auch von Seiten der Umgebung angezeigt, um rechtzeitig helfend eingreifen zu können, z. B. durch ein befreiendes Wort oder die Hinlenkung auf eine harmlose Abreaktions- und Entspannungsmöglichkeit. Oft würde es schon genügen, wenn sie die Möglichkeit hätten, sich ab und zu über ihre inneren Probleme mit einem vertrauten Menschen oder in einer Gruppe (Gruppentherapie) auszusprechen. Doch sind sie oft gehemmt, kontaktschwach oder eigenwillig, so daß sie erst aufgeschlossen werden müssen, was jedoch geschehen sollte, bevor die Explosion und damit die Zerstörung der eigenen Existenz und der anderer Menschen erfolgt ist. Hier berühren sich die Aufgaben der Psychohygiene und Prophylaxe von Delikten. Es sollten darin breitere Bevölkerungsschichten durch sachgemäße und rechtzeitige Aufklärung einbezogen werden.

Auch Strafmaßnahmen könnten und sollten prophylaktisch wirken, wenn sie nicht rein unter juristisch-formalem Aspekt verhängt sondern, soweit dies erforderlich oder möglich ist, auch bei Erwachsenen als Hilfsmaßnahmen zur Resozialisierung angesehen werden.

Oft sind die Gerichte jedoch bei dem heutigen Stand der Gesetzgebung in diesem Punkt überfordert bzw. sie müssen resignieren. Die Richter sehen vielfach selbst, daß in bestimmten Fällen eine Strafe nicht (mehr) viel nützt, sondern andere Maßnahmen eher am Platz wären, die sie aber nicht ergreifen oder anordnen können, weil sie im Gesetz (noch) nicht vorgesehen sind. Kürzlich kam es zu einer lebhaften Diskussion des Gerichtes mit dem Sachverständigen, wie die weitere Strafe gestaltet werden sollte bei einem sehr labilen, primitiven, haltschwachen, knapp durchschnittlich begabten, alkoholisch depravierten Mann, dem eine Ehescheidung drohte, so daß er auch den letzten Halt noch verlor, der wegen Unzucht mit seinen beiden Kindern und wegen Kuppelei vor Gericht stand. Der Vorsitzende hat unumwunden zu verstehen gegeben, daß für das Gericht selbst aufgrund der gegebenen gesetzlichen Bestimmungen außer den hergebrachten Strafmöglichkeiten für weitere Hilfsmaßnahmen relativ enge Grenzen gesetzt sind. Es müßte hier auf die private Initiative oder die sozialen Verbände verwiesen werden.

Es wäre aber gerade in den Fällen, bei welchen es auf der Hand liegt, daß auch menschliche Probleme eine erhebliche Rolle spielen, zu überlegen, ob und wie außer oder neben dem Gesichtspunkt der Abschreckung, Besserung und Sühne unter Beachtung des berechtigten Schutzes der Gemeinschaft statt (oder neben) eines Strafvollzuges im hergebrachten Sinne noch mehr und wirksamere individuelle Variationsmöglichkeiten geschaffen werden könnten, wobei der Gesichtspunkt der Resozialisierung bzw. Prophylaxe ohne erhebliche Diskriminierung des Täters noch stärker betont ist. Es klafft in der heutigen Zeit eine Lücke zwischen Gefängnis und Zuchthaus auf der einen und Heilanstalt und Sicherungsverwahrung auf der anderen Seite. Auch sind die medizinischen und psychologischen Möglichkeiten noch nicht voll ausgeschöpft.

Gleichzeitig müßte durch den verstärkten Einsatz von psychologisch, insbesondere arbeits- und sozialpsychologisch wie psychagogisch[12] geschulten Fachkräften, die neben Fürsorgern und Seelsorgern tätig sind, für einen reibungsloseren Übergang vom Strafvollzug in das bürgerliche Leben des Berufes und der Gemeinschaft gesorgt werden. Es gibt dafür von der Rehabilitation der Schwerbeschädigten her ebenfalls Parallelen, die für die Resozialisierung mühelos verwertet bzw. modifiziert werden könnten. Eine wirksame und durchgreifende Resozialisierung, die eine breit angelegte nachgehende Betreuung auch von Strafentlassenen einschließt, ist eine wesentliche Voraussetzung für die Prophylaxe neuer Straftaten. Ich darf nur kurz auf eine Statistik von *Thiel* verweisen, wonach die Hirnverletzten des 1. Weltkrieges im früheren Land Württemberg-Hohenzollern zu ca. 45 % Rentner geblieben sind, also nicht mehr den Anschluß an das Berufsleben gefunden haben. Durch die intensiven und individuellen medizinischen, arbeitspsychologischen und beruflichen Behandlungs-, Betreuung- und Fürsorgemaßnahmen nach dem 2. Weltkrieg ist der Prozentsatz in diesem Gebiet auf ca. 15 % zurückgegangen.

Wir sind schon wiederholt auf die Frage der multifaktoriellen bzw. mehrdimensionalen Diagnostik gestoßen, der für die Kriminalität überhaupt, vor allem auch für den Bereich der Sexualdelinquenten bezüglich Ätiologie und Prophylaxe im Sinne einer eingehenden Quer- und Längsschnittbeurteilung eines Pro-

[12] Über Personalprobleme im Strafvollzug wäre manches zu diskutieren, was hier aus räumlichen Gründen nicht möglich ist, aber engstens mit Resozialisierung und Prophylaxe von Straftaten in Beziehung steht, ja vielfach über Gelingen oder Mißerfolg entscheidet.

banden ganz besondere Bedeutung zukommt, worauf auch *Hirschmann* hingewiesen hat. Ich will dies abschließend an folgendem Beispiel zeigen:

Ein etwa 50jähriger Athletiker hat im 2. Weltkrieg eine Hirnverletzung erlitten. Zuhause traten wiederholt Spannungen auf, so daß die Frau öfters längere Zeit verreist ist. Es kam nur selten zu intimeren ehelichen Beziehungen. Die Frau trug sich sogar mit dem Gedanken einer Ehescheidung. Eines abends war der Vater mit seinen Kindern, die ihr Zimmer im oberen Stockwerk hatten, allein zuhause. Man war schon zu Bett gegangen. Da hörte der Vater oben ein Geräusch, das wiederholt auftrat. Er ging ihm schließlich nach, trat im Schlafanzug in das Schlafzimmer seiner beiden Töchter, drehte das Licht an; da fiel sein Blick auf den entblößten Unterkörper seiner 14jährigen Tochter. Dieser plötzliche Anblick hat ihn in seiner momentanen Situation so stark erregt, daß er sich zu dem Kind ins Bett legte, wobei es zu sexuellen Spielereien kam. Das Kind erzählte dies der Mutter, als sie wieder zurückgekommen war, welche Anzeige erstattete. Es war bei dem Probanden eine knapp durchschnittliche Intelligenz, eine einfache Persönlichkeitsstruktur, eine deutliche, aber keineswegs schwere Hirnleistungsschwäche und Wesensänderung festzustellen. Auf dem Boden (a) einer erregbaren (athl.) Konstitution, der gleichzeitig eine vermehrte Haftneigung für Sinnes- und Erlebnisreize sowie eine verminderte Umstellungsfähigkeit eigen ist, kam es (b) unter dem Einfluß einer verstärkten Enthemmbarkeit, die durch die Folgen des Hirntraumas begünstigt wurde und (c) einer bestimmten Milieukonstellation mit häuslichen Spannungen und Zwistigkeiten nach (d) längerer Enthaltsamkeit bei Abwesenheit der Frau (e) auf dem Boden einer einfachen, wenig differenzierten Gesamtpersönlichkeit (f) bei dem plötzlichen Anblick des nackten Mädchenkörpers zu einer sexuellen Primitivreaktion. Die verschiedenen Faktoren und Dimensionen einer Tat können meist nur durch eine eingehende neurologisch-psychiatrische und gleichzeitig klinisch-fachpsychologische Untersuchung im einzelnen eruiert werden.

Nach einem ähnlichen, mehrdimensionalen Muster verläuft eine ganze Reihe von Sexualdelikten. Bei anderen sind die Linien einfacher aufzuweisen. Als Grundlage für die strafrechtliche Beurteilung, wie für Prognose und Prophylaxe ist stets eine gründliche individuelle psycho-physische diagnostische Abklärung erforderlich.

Breitgestreute Aufklärung

Neben der individuellen Einzelarbeit sollte aber immer wieder auch auf breiter Basis bei der Bevölkerung Aufklärungs- und Warnarbeit betrieben werden, da nach *Geisler* 25 %, nach den Ausführungen von *Gipkens* im Anschluß an die Dissertation von *Paulsen* sogar „rund die Hälfte der ... Kinder“ dem Täter durch ihr Verhalten Vorschub geleistet haben. Danach ist „das Entgegenkommen des Kindes dem Täter gegenüber in der Pubertätszeit am häufigsten. Kinder aus den unteren Bevölkerungsschichten sind an Sittlichkeitsverbrechen zur Hauptsache beteiligt“. Auf die Notwendigkeit einer breiten Aufklärung haben auch andere Autoren *(Creutz, Geisler* u. a.) hingewiesen. Dabei ist besonders zu beachten, daß manche Kinder, vor allem Mädchen, sexuellen Dingen gegenüber zunächst uninteressiert und aufgrund eines natürlichen Schamgefühls zurückhaltend und damit weniger gefährdet wie auch gefährdend sind. Andere sind nicht so sehr sexuell triebhaft interessiert als neugierig. Wahrscheinlich spielt auch hier eine konstitutionelle Akzentuierung eine Rolle, z. B. bei kontaktfreudigen Zyklothymen, aber auch bei gehemmten Schizothymen oder Schizoiden, denen sich („endlich“) eine Gelegenheit bietet „etwas Interessantes“ zu erleben oder zu sehen, was sie sich vielleicht schon lange gewünscht haben, aber noch nicht von selbst wegen ihrer Kontaktschwäche realisieren konnten. Was sich hinter dem „etwas“ verbirgt, ist zunächst für das betreffende Kind gleichgültig. Auch ist vielfach das Kritikvermögen noch nicht genügend ausgeprägt, oder die Verlockung mit Geld oder Süßigkeiten verstärkt den Reiz des Neuen. Wenn dann in den Kindern eine gewisse Neugierde geweckt oder sogar libidinöse Gefühle aktiviert worden sind, erwacht nicht selten das Verlangen nach Wiederholung des Erlebnisses oder Lustgefühles, wobei eine Fehlentwicklung des Kindes eingeleitet und eine permanente Verführungsquelle entstehen kann, wie folgende Beispiele zeigen:

Ein 20jähriger gehemmter, kontaktschwacher, athletisch-dysplastischer, gut durchschnittlich begabter Mechanikergeselle ist seit etwa 1½ Jahren Gehilfe eines Sportlehrers. In die Turnstunde der Knaben hatte einer der Jungen sein 4jähriges Schwesterchen mitgebracht, das vom Balkon der Turnhalle aus zusah. Der junge Mann sah das Kind, er blickte mehrmals zu ihm hinauf, war schließlich von ihm angetan und verspürte auch eine Erektion. Er kämpfte zunächst gegen die „Versuchung“ an und turnte weiter, wurde aber immer mehr erregt und schlich sich schließlich zu dem Kind hinauf, nahm es von der Balkonbrüstung weg und setzte sich in den Hintergrund des Balkons, daß man ihn von unten nicht sehen konnte. Das Mädchen behielt er im Arm, was es sich ohne weiteres gefallen ließ, obwohl es ihn nicht kannte. Er setzte sich das Kind auf den Schoß und manipulierte im Genitalbereich an ihm herum, wogegen sich das Mädchen nicht wehrte, was es offenbar sogar als angenehm empfand, denn es habe ihm zwischendurch gesagt, „dies kitzele so schön“.

Nachdem die Erregung bei ihm abgeklungen war, ließ er von dem Kind ab und ging wieder hinunter. Nach ein paar Tagen wurde er entdeckt, weil das kleine Mädchen wiederholt von zuhause weggehen wollte, um ihn zu suchen. Es strebte nach Angaben der Eltern mehrmals zu ihm hin, um offenbar das als angenehm empfundene Erlebnis zu wiederholen. Nach längerem Befragen der Eltern erzählte das Kind schließlich den Vorfall und gab eine Beschreibung des Täters, worauf dieser gefaßt werden konnte.

Zu einem alten Arzt, der nur noch gelegentlich praktizierte, kamen zwei 13jährige Mädchen aus der Nachbarschaft wegen einer Kleinigkeit in die Sprechstunde. Sie waren die einzigen Patienten und merkten rasch, daß man sich bei dem Arzt recht frei bewegen konnte. Nachdem sie im Sprechzimmer alles kennengelernt hatten, setzten sie sich zu ihm an den Schreibtisch, die eine auf das rechte, die andere auf das linke Knie. Es kam zu entsprechenden Hantierungen des alten Mannes, die die Mädchen im Laufe der Zeit sogar herausforderten, indem sie — wie der Arzt in der Hauptverhandlung erklärte — kommandierten: „Zwick mal", dann habe er gezwickt. Sie hätten ihm beim Abschied erklärt: „Wir kommen wieder zum ‚schnipsen'", womit die genitalen Manipulationen gemeint waren. Sie seien öfters wiedergekommen, hätten teilweise sogar andere gleichaltrige Freundinnen mitgebracht, denen sie in Aussicht gestellt hätten, hier könnten sie etwas Interessantes erleben. So ist die Zahl der „verführten Verführerinnen", die teilweise gleichzeitig noch einem anderen ähnlichen Kreis angehörten, angewachsen. Von den Eltern, die das Treiben ihrer Kinder offenbar gar nicht bemerkt hatten, war in der Verhandlung kaum die Rede!

Der Hinweis von *Gipkens* auf die besondere Aktivität im Pubertätsalter und von Kindern aus den unteren Bevölkerungsschichten gibt eine Richtung, in die sich prophylaktische Aufklärungsmaßnahmen besonders konzentrieren sollten (Oberklassen der Volksschulen, entsprechende Klassen der höheren Schulen, Berufsschulen, dann auch auf die Lehrer, Eltern und Lehrmeister dieser Gruppen). Aber selbst wenn durch eine breiter gestreute und intensive systematische und adaequate Aufklärung, auch wenn sie früh einsetzt und altersentsprechend durchgeführt wird, keine grundsätzliche Lösung des Problems der Prophylaxe erwartet werden kann, da auch hier bereits in frühem Alter zahlreiche Faktoren eine Rolle spielen, wie wir sie eingangs erwähnt haben und wie sie auch aus den beiden Beispielen ersichtlich sind, so sollte doch keine Resignation Platz greifen. Eine sachgemäße pädagogische Behandlung der Opfer von Sexualdelinquenten, die oft gleichzeitig ihre Verführer sind, scheint mir ein besonders fruchtbarer Ansatzpunkt für die Prophylaxe von Sexualdelikten überhaupt zu sein. Die Erziehungspersonen sollten dabei zu sachlicher Mitarbeit gewonnen werden, wobei übertriebene Scheu, Prüderie oder Ignoranz immer mehr einer sachgerechten Haltung Platz machen sollten.

Schlußbemerkung

Auf der Suche nach Frühsymptomen späterer Sexualdelikte dürfen wir nicht an Einzelstigmen oder -verhaltensweisen hängen bleiben, da von keinem der auffälligen kindlichen Einzelsymptome bis jetzt bekannt ist, daß es mit einem späteren Sexualdelikt mit genügend gesicherter Wahrscheinlichkeit in ursächlichem Zusammenhang steht. Auffälligkeiten von Kleinkindern, Schulkindern und Jugendlichen können sich im Laufe der Jahre ganz verlieren oder auch zu andersartigen Abartigkeiten oder Entgleisungen führen, als zu Sexualdelikten (Neurosen, andere asoziale oder pathologische Erscheinungen).

Um Anhaltspunkte zu gewinnen für eine besondere Gefährdung in sexueller Hinsicht, sollten wir unter Beachtung der allgemeineren Überlegungen, die jeder Prophylaxe zugrunde liegen sollten und damit der Erkenntnis der Grenzen prophylaktischer Bemühungen, unsere Kinder, vor allem die Knaben, von früh auf zunächst nach folgenden Richtungen — um nur einige Möglichkeiten zu nennen — beobachten:

1. Ob und von welchem Zeitpunkt ab dem sexuellen Gebiet bei dem betreffenden Kind aktiv oder passiv eine besondere Bedeutung zukommt.

2. Ob das Kind dazu neigt, Affekte und Triebregungen (siehe *Heiss*) adaequat zu verarbeiten, oder zu verdrängen bzw. zu stauen.

3. Wie seine emotionale Ausstattung ist oder sich entwickelt (einfühlend, mitschwingend, kontaktfreudig; kühl, egozentrisch, sprunghaft usw.).

4. Ob sich somatische oder psychische Auffälligkeiten zeigen (z. B. Dysplasien, Retardierungen, Asynchronien, Auffälligkeiten der körperlichen oder psychischen Entwicklung oder Verhaltensstörungen usw.), die die Konsultation eines Arztes oder Psychologen ratsam erscheinen lassen.

Neben dieser Beobachtung, die nicht mit übertriebener Sorge durchgeführt werden sollte, wäre eine verstärkte individuelle Aufklärungsarbeit bei den Kindern und Erziehungspersonen am Platz mit dem Ziel, natürliche Dinge natürlich zu sehen und zu behandeln, damit (vor allem bei Mädchen) nicht eine übertriebene Neugierde geweckt wird, die den Kindern wie den Tätern zum Verhängnis werden kann.

Die Delinquenten, die nach einer Tat als solche erkannt sind, bedürfen unserer besonderen Aufmerksamkeit: Es sollte möglichst früh diagnostisch abgeklärt werden, welche Ursachenbündel für das Zustandekommen des Deliktes haupt- oder nebensächlich bestimmend waren und wie die weitere Prognose zu stellen ist, ob und eventuell welche therapeutische oder psychagogische Maßnahmen eine Änderung erwarten lassen, oder ob aufgrund einer ungünstigen Konstellation verschiedenartiger Faktoren die Prognose weniger günstig ist. Unsere kombinierten psycho-physischen Untersuchungsverfahren, wie sie vor allem auch in der Klinik durch Teamarbeit von Psychologen und Fachärzten durchgeführt werden, lassen in dieser Hinsicht frühzeitigere und günstigere begründete Ergebnisse erwarten, als dies lediglich aufgrund der „allgemeinen Lebenserfahrung" oder ohne speziellere diagnostische Untersuchungsmethoden möglich ist. Danach könnten auch Straf- und Resozialisierungsmaßnahmen besser abgestimmt werden, um von einem Schematismus wegzukommen zugunsten einer möglichst individuellen Behandlung jedes Einzeltäters. Darauf sollte in Zukunft noch mehr Wert gelegt werden als dies bisher der Fall ist. Es könnte dann auch im Rahmen des Strafvollzuges schon früh eine Gruppenbildung nach prognostischen Gesichtspunkten erfolgen, das sowohl für die Täter selbst (Ansteckungsgefahr durch „Gewohnheitsverbrecher") wie auch für Auswahl und Zusammensetzung des Personals von besonderer Bedeutung wäre. Auf die sehr positiven Erfahrungen mit einem gerichtspsychologischen Dienst in Hamburg und auf die Tätigkeit von Fachpsychologen in Strafanstalten, wie sie in verschiedenen Bundesländern bereits eingesetzt sind, sei hingewiesen.

Wir haben uns bemüht, vor allem im ätiologisch-diagnostischen Teil ausführlich die konstitutionellen Beurteilungskriterien herauszustellen und sie gleichzeitig einzuordnen in den größeren Gesamtzusammenhang der übrigen Symptomatik, in die jeder diagnostisch-ätiologische Aspekt eingereiht werden muß. Bei der Besprechung prophylaktischer Möglichkeiten ergaben sich ebenfalls von der konstitutionellen Seite her wesentliche Hinweise. Aber auch diese müssen im größeren Rahmen gesehen werden, den wir ebenfalls wiederholt versucht haben anzudeuten. Die am Zustandekommen eines Sexualdeliktes beteiligten Faktoren sind zahlreich. Wir sollten im mehrdimensionalen Sinne die Gefahren- und Gefährdungszonen besser beobachten und Einzelbereiche (Symptomgruppen, Syndrome) näher untersuchen sowie in ihrer Wertigkeit und kriminophilen Dynamik klarer herausstellen, um so ätiologisch wie prophylaktisch zu Schwerpunktbildungen zu kommen, wie dies auch theoretisch und praktisch in anderen Sparten des sozialen Lebens (z. B. Unfallverhütung, Rehabilitation) versucht wird. Dabei sollten Praedilektionsstellen für die Sexualkriminalität besonders beachtet und prophylaktisch bearbeitet werden (Pubertätsalter, Kinder aus einem bestimmten sozialen Milieu, schizothyme Sexualtäter, auffällig gewordene Dysplastiker, Retardierte, Asynchrone, Kontaktschwache usw.).

Der konstitutionelle Aspekt mit seinen vielschichtigen Anlage- und Umweltkomponenten wirkt modifizierend und akzentuierend je nach Intelligenz- und charakterologischer Persönlichkeitseigenart, Entwicklungs- und Erlebnisproblematik in die verschiedensten individuellen und soziologischen Bereiche hinein, wobei durch die konstitutionellen Faktoren nicht selten für Ätiologie und Prophylaxe entscheidende und tiefgreifende psycho-physische Fehlregulationen, ungünstige Bahnungen oder Fehlsteuerungen eingeschliffen oder begünstigt werden können. Der konstitutionelle Aspekt sollte deshalb für die Diagnostik und Ätiologie wie auch für Prophylaxe und Resozialisierung in Zukunft bei der wissenschaftlichen und praktischen Bearbeitung der Probleme — worauf vor allem auch *de Landecho* nachdrücklich hingewiesen hat — sowie in der Rechtsprechung und im Strafvollzug noch stärker beachtet werden, weil — nach *de Landecho* — „Konstitution und Kriminalität in innerer unlösbarer Beziehung stehen".

Literaturverzeichnis

Arnold, Fr. X.:	Grundsätze der christlichen Kirche, A. Katholische Theologie und Kirche, in: Psychopathologie der Sexualität, hgg. v. Giese, H. und v. Gebsattel, V. E. v., Stuttgart 1959
Blinkov, S.:	Zur Frage nach dem Körperbau des Verbrechers, in: Mon. Schr. Krim. Psychol. u. Strafr., H. 20, S. 212—216, 1929
Boehmer, K.:	Untersuchungen über den Körperbau des Verbrechers, in: Mon. Sch. Krim. Psychol. u. Strafr., H. 19, S. 193—209, 1928
Boss, M.:	Psychoanalyse und Daseinsanalytik, Bern und Stuttgart 1957
Bürger-Prinz, H.:	Psychopathologie der Sexualität, in: Giese, H.: Die Sexualität des Menschen, Stuttgart 1955
Coerper, C.; Hagen, W. u. Thomae, H.:	Deutsche Nachkriegskinder, Stuttgart 1954
Conrad, K.:	Der Konstitutionstypus als genetisches Problem, Berlin 1963
Ewald, G.:	Temperament und Charakter, Berlin 1924
Exner, F.:	Kriminalbiologie, 2. Aufl., Hamburg 1944

Eyrich, Ch. M.: Kriminalbiologische und -psychologische Untersuchungen an Mördern und Totschlägern, in: Bl. f. Gefängnis-Kd. 61, S. 247—261, 1930

Gehlen, A.: Der Mensch, seine Natur und seine Stellung in der Welt, 4. Aufl., Bonn 1950

Geisler, E.: Das sexuell mißbrauchte Kind, Göttingen 1959

Giese, H.: Der homosexuelle Mann in der Welt, Stuttgart 1958

Giese, H. u. Gebsattel, V. E. v.: Psychopathologie der Sexualität, Stuttgart 1959—1962

Gipkens: Unzucht mit Kindern, in: Bekämpfung der Sittlichkeitsdelikte, hgg. v. Bundeskrim. Amt Wiesbaden 1959

Göppinger, H.: Methodologische Probleme und ihre Auswirkungen bei der Begutachtung, in: Krim. biol. Gegenw. Fragen, hgg. v. Würtenberger, Th. u. Hirschmann, J., 5/1962

Göppinger, H.: Vortrag über aktuelle Fragen des Strafvollzuges vor den Bezirksvertretern der Straffälligenhilfe des Bezirks Tübingen am 26. 5. 1964

Heindl, R.: Der Berufsverbrecher, 4. Aufl., Berlin 1926

Herter, B.: Psychologische und anthropologische Probleme und Aufgaben bei der Wiedereingliederung in das Berufsleben, Zbl. Arb. Wiss., 1/1964 a

Herter, B.: Die Beurteilung der Konstitution für Beruf und Sport, D. Med. Welt, 22/1964 b, S. 1227—1240

Herter, B.: Der körperliche Entwicklungsverlauf in der Pubertät, Kongr. Ber. d. Dtsch. Gesellsch. f. Anthropologie des Kongresses v. Sept. 1963, Köln (im Erscheinen), 1964 c

Herter, B.: Psychologische Erfahrungen bei der Rehabilitation von Schwerbeschädigten, Bundesarb. Bl. 2/1959

Herter, B.: Möglichkeiten und Grenzen der Eignungsuntersuchung bei Bewerbern um gewerbl. oder kaufm. Lehrstellen, Zbl. f. Arb. Wiss., 2/1962

Heiss, R.: Allgemeine Tiefenpsychologie, 2. Aufl., Bern u. Stuttgart 1964

Herter, B. u. Schmitz, E.: Blutalkoholkonzentration und Fahrtüchtigkeit, Der med. Sachverständige, 9/1963

Hirschfeld, M.: Die Homosexualität des Mannes und des Weibes, 2. Aufl., Berlin 1920

Hirschmann, J.: Der naturwissenschaftliche Typenbegriff in der Kriminologie, Krim. Biol. Gegenw. Fragen, hgg. v. Mezger u. Seelig, später Würtenberger, Bd. I—V, Stuttgart 1953 bis 1962

Hirschmann, J.: Triebdelikte infolge puberalen Instinktwandels, in: Krim. Biol. Gegenw. Fragen, hgg. v. Mezger, E. u. Würtenberger, Th., H. 3/1958

Hofstätter, P. R.: Einführung in die quantitativen Methoden der Psychologie, München 1953

Jaensch, E.: Grundformen menschlichen Seins, Berlin 1929

Jung, C. G.: Psychologische Typen, 2. Aufl., Zürich 1925

Kallmann, F. J.: Comparative twine study on the genetic aspects of male homosexuality. J. nerv. ment. Dis. 115, 1952

Kallmann, F. J.: Twin and sipship study of overt male homosexuality, Amer. J. hum. Genet., 4, 1952

Kardiner, A.: Sex and Morality, New York 1954

Kinsey, A. u. Pomeroy, Martin: Das sexuelle Verhalten des Mannes, Berlin und Frankfurt 1955

Kinsey, A. u. Pomeroy, Martin: Das sexuelle Verhalten der Frau, Berlin und Frankfurt 1954

Klages, L.: Grundlegung der Wissenschaft zum Ausdruck, 7. Aufl., Bonn 1950

Klages, L.: Die Grundlagen der Charakterkunde, 11. Aufl., Bonn 1951

Köberle, A.: Grundsätze der christlichen Kirche, B. Evangelische Theologie und Kirche, in: Psychopathologie der Sexualität, hgg. v. Giese, H. u. v. Gebsattel, V. E. v., Stuttgart 1959

Krafft-Ebing, R. v.: Psychopathia Sexualis, 16./17. Aufl., Stuttgart 1924

Krassnuschkin, E.: Beitrag zur psychiatrischen Charakterologie der Verbrecher, in: Mon. Schr. f. Krim. Psychol. u. Strafr. Ref., 18, S. 561—590, 1927

Kretschmer, E.: Psychotherapeutische Studien, Stuttgart 1949

Kretschmer, E.: Der triebhafte Verbrecher und seine Diagnostik, Arch. Psychiat. Nervenkr. 191, 1953

Kretschmer, E.: Körperbau und Charakter, 23./24. Aufl., Berlin-Göttingen-Heidelberg 1961

Kretschmer, E.: Medizinische Psychologie, 12. Aufl., Stuttgart 1963

Kretschmer, W.: Die Neurosen als Reifungsproblem, Stuttgart 1952

Kronfeld, A.: Über psychosexuellen Infantilismus, Leipzig 1921

Landecho, de C. M.: Körperbau, Charakter und Kriminalität, in: Kriminologische Untersuchungen, hgg. v. Weber, H. v., u. Würtenberger, Th., Bonn 1964

Lempp, R.: Frühkindliche Hirnschädigung und Reifungskriminalität, in: Krim. biol. Gegenw. Fragen, hgg. v. Mezger, E. u. Würtenberger, Th., H. 3/1958

Lombroso, C.: L'uomo Delinquente, 5. Aufl., 3 Bände und 1 Atlas, Turin 1896—1897

Mall, G.: Zit. nach E. Kretschmer, Körperbau und Charakter, 23./24. Auflage, 1961, S. 105

Martiny, M.: Essay de biotypologie humaine, Paris 1948

Maurina, Zenta: Mosaik des Herzens, Essays, 9. Aufl., Memmingen/Allgäu 1963

Maurina, Zenta:	Vortrag auf Einladung des Allg. Studentenausschusses, Tübingen über „Die Mission der Dichter", Mai 1964
Meinert, R.:	Die Schulreife — auch ein jugendärztliches Problem —, Bild. Ärzt. 4, 1954
Mende, W.:	Zur Psychopathologie in extremen Belastungssituationen, öffentl. Antrittsvorlesung, Tübingen, am 23. 6. 1964
Metzger, W.:	Psychologie, 2. Aufl., 1954
Mezger, E.:	Das Typenproblem in Kriminologie und Strafrechtsreform, München 1955
Michel, R.:	Körperbau, Charakter und Verbrechen, in: Wiener Med. W. Schr., 75, S. 45—50, 1925
Mühlmann, W. E.:	Das Problem der Umwelt beim Menschen, Z. Morph. Anthr., XLIV, S. 153—181, 1952
Nass, G.:	Der Mensch und die Kriminalität, Bd. I—III, Berlin 1959—1961
Pfahler, G.:	System der Typenlehre, Leipzig 1929
Pfahler, G.:	Der Mensch und sein Lebenswerkzeug, Stuttgart 1954
Plaut, P.:	Der Sexualverbrecher und seine Persönlichkeit, Stuttgart 1960
Riedl, M.:	Über Beziehungen von geistig-körperlicher Konstitution zur Kriminalität und anderen Defekten, in: Mon. Sch. Krim. Psychol. u. Strafr., H. 23, S. 473—484, 1932
Rohden, F. v.:	Konstitutionelle Körperbauuntersuchungen an Gesunden und Kranken, in: Arch. Psych. 79, S. 786—815, 1927
Rohden, F. v.:	Kriminalbiologische Untersuchungen an gesunden und geisteskranken Verbrechern, in: Dtsch. Z. f. d. ges. Ger. med. 10, S. 620—633, 1927
Rohracher, H.:	Kleine Charakterkunde, 7. Aufl., Wien und Innsbruck 1956
Saza:	Untersuchungen über Körperbau und Charakter der Verbrecher, Tokio 1934
Scheler, M.:	Wesen und Formen der Sympathie, 2. Aufl., Bonn 1923
Scheler, M.:	Über Scham und Schamgefühl, in: Zur Ethik und Erkenntnislehre, Schriften aus dem Nachlaß, Bd. I, Berlin 1933
Scheler, M.:	Die Stellung des Menschen im Kosmos, 2. Aufl., 1947
Schelsky, H.:	Soziologie der Sexualität, Hamburg 1955
Schick, Ch. P. u. Schröder, R.:	Über den Zusammenhang zwischen körperlicher und seelischer Entwicklung in der Pubertät, II. Mitt.: Untersuchungen mit dem Baum-Zeichentest, Z. menschl. Vererb. u. Konst. Lehre, 34, S. 601—623, 1958
Schiedt, R.:	Ein Beitrag zum Problem der Rückfallprognose, Münch. jur. Diss., 1936
Schmid, A.:	Anlage und Umwelt bei 500 Erstverbrechern, in: Krim. Abh., Nr. 24, Leipzig 1936
Schnell, K.:	Anlage und Umwelt bei 500 Rückfallverbrechern, in:

Krim. Abh., Nr. 43, Leipzig 1939

Schulte, W.: Die Entlastungssituation als Wetterwinkel für Pathogenese und Manifestation neurologischer und psychiatrischer Krankheiten, Nervenarzt 22, 140 (1951)

Schulte, W.: Greise als Täter, unzüchtige Handlungen an Kindern, in: Almanach für Neurologie und Psychiatrie 1961, hgg. v. Schulte, W., München 1961

Schulte, W.: Die Sucht als psychotherapeutisches Problem, D. M. W. 50/1963, S. 2409—2415

Schwaab, F.: Die soziale Prognose bei rückfälligen Vermögensverbrechern, in: Krim. Abh., Nr. 43, Leipzig 1939

Schwab, G.: Über die Beziehungen der körperlichen Konstitution zum Verbrechertyp, in: Mon. Sch. Krim. Psychol. u. Strafr., H. 32, S. 213—236, 1941

Schwidetzky, Ilse: Das Menschenbild der Biologie, Stuttgart 1959

Sheldon, W. H.: The varieties of human physique, New York 1940

Sigaud, C.: La forme humaine, Paris 1914

Spranger, E.: Lebensformen, geisteswissenschaftliche Psychologie und Ethik der Persönlichkeit, 8. Aufl., Tübingen 1950

Spranger, E.: Psychologie des Jugendalters, 25. Aufl., Heidelberg 1957

Stauder, K. H.: Über den Pensionierungsbankrott, Psyche 9, 481, 1955

Steinwachs, F.: Körperlich-seelische Wechselbeziehungen in der Reifezeit, Basel, New York 1962

Szondi, L.: Experimentelle Triebdiagnostik, Textband, Bern 1947

Uexküll, J. v.: Umwelt und Innenwelt der Tiere, 2. Aufl., Berlin 1921

Undeutsch, U.: Die Sexualität im Jugendalter, Studium-Generale 8, 1950

Undeutsch, U.: Somatische Akzeleration und psychische Entwicklung der Jugend der Gegenwart, Studium Generale 5, 1952

Viernstein, Th.: Über Typen des verbesserlichen und unverbesserlichen Verbrechers, Mitt. Krim. Biol. Ges. I, S. 26—54, 1927

Wehner, B.: Die Latenz der Straftaten, in: Schriftenreihe d. Bundeskrim. Amtes, Wiesbaden 1957

Zeller, W.: Konstitution und Entwicklung, Göttingen 1952

Zimmermann, H. G.: Der Stand der Kriminalität in der Bundesrepublik nach der polizeilichen Kriminalstatistik 1961 (unveröffentlichter Vortrag 1963)

Zulliger, H.: Umgang mit dem kindlichen Gewissen, Stuttgart 1954

Zulliger, H.: Helfen statt Strafen, Stuttgart 1962

Bundeskriminalamt Wiesbaden, Sittlichkeitsdelikte, Bericht über eine Arbeitstagung, 1959

Bundeskriminalamt Wiesbaden, Polizeiliche Kriminalstatistik, H. 1959 und 1962

Landeskriminalamt Baden-Württemberg, Polizeiliche Kriminalstatistik, H. 1962

Einige Fälle schwerer sexueller Delinquenz

von *Dietrich Abels*, Hamburg

Wir müssen uns darüber im klaren sein, daß trotz der reichhaltigen Literatur und mancher recht umfangreichen Untersuchungen das Problem des Sexualdelikts ein noch wenig erschlossenes Neuland ist, dessen Durchforschung meistens daran scheitert, daß in der Hand eines einzelnen Forschers immer nur wenige Fälle sich konzentrieren, die er nicht mit statistischen Methoden bearbeiten kann. Wenn ich z. B. auch von einer Fülle von Fällen aus der 12jährigen Praxis als Kriminalpsychologe sprechen kann, so bedeutet das noch lange nicht, daß ich etwa die nötige statistische Zahl habe, um wirklich genügend fundierte Feststellungen bei den Untersuchungen machen zu können. Wenn ich sage, daß es vielleicht 100 Fälle waren, die ich in den 10 bis 12 vergangenen Jahren zu bearbeiten hatte, so sind das immer noch sehr wenige, denn innerhalb der Sexualdelinquenz bietet sich eine so große Fülle von Möglichkeiten, Abweichungen und Besonderheiten, daß eine statistische Zahl von 100 Fällen nicht im entferntesten alle die sich ergebenden Felder auch nur annähernd genügend belegen kann.

Es wäre die Aufgabe vielleicht auch unserer Sektion, dahin zu wirken, daß sämtliche Sexualdelikte irgendwie zentral gesammelt und verarbeitet werden. Auf diese Weise könnten wir eine sehr wichtige Vorarbeit für spätere Forschungen leisten. Solche zentrale Bearbeitung von bestimmten kriminalpsychologisch relevanten Deliktfällen bietet natürlich die schon oft im Rahmen unserer Sektionsbesprechungen erwähnte Schwierigkeit, daß der einzelne Psychologe mit seinen besonderen Methoden arbeitet und unsere methodische Arbeit nicht etwa so vereinheitlicht ist, wie es bereits in der Medizin und den anderen Naturwissenschaften der Fall ist. Die unendliche Vielfalt seelischen Geschehens spiegelt sich vielleicht in dieser Uneinheitlichkeit wieder, mit der es forschungsmäßig angegangen wird.

Zunächst möchte ich zwei Fälle von Bandendelikten einer Gruppennotzucht schildern, aus denen gewisse gemeinsame Züge und charakteristische Verhaltensweisen heutiger Halbwüchsiger — ich sage bewußt nicht Halbstarker — hervortreten. Es geht um vier Jugendliche. Der älteste ist 20-, der jüngste 16jährig. Drei der Täter sind Flüchtlinge, die aus dem Sudetenlande nach der Ostzone und dann nach Westberlin kommen. Ihre familiären Verhältnisse sind aber trotzdem geordnet. Nur bei dem einen stirbt die Mutter relativ früh, während er noch in der Lehrausbildung ist. Die beiden ältesten verdienen in der Bundesrepublik als Facharbeiter unverhältnismäßig viel Geld (zwischen 700 und 1000 DM monatlich) und führen ein unbekümmertes selbständiges Leben, wobei ihnen überreichlich Geld für die Befriedigung persönlicher Bedürfnisse übrig bleibt. Tanzen, Gaststättenbesuch, Biertrinken ist für sie eine Selbstverständlichkeit und fast alltägliche Notwendigkeit. Die beiden jüngeren 17- und 16jährigen Mittäter stammen auch aus durchaus geordneten Familienverhältnissen, sind nach Abschluß der normalen Volksschule als Lehrlinge tätig und haben infolgedessen nur das Lehrlingsgeld. Auch sie verbringen ihre Freizeit recht ungestaltet, — hier ein bißchen Kartenspiel, dort ein bißchen Fußball. Sonnabends, da man länger aufbleiben darf, geht man in die Gaststätte und trinkt ebenfalls schon sein Bier oder seinen Schnaps. In der Anamnese ist bis auf das gemeinsame Schicksal, wie etwa Flucht oder Zonenflucht, nichts Auffälliges zu finden. Keine Belastung durch die Familie, keine Schwierigkeiten erzieherischer Art. Die beiden Anführer und Anstifter der Delikte sind Freunde und haben sich auch gemeinsam entschlossen, aus der Ostzone in die Bundesrepublik hinüberzugehen. Ihr Lebensstil, ihr Lebenswandel ist augenscheinlich für die beiden anderen Maß und Vorbild. Im allgemeinen kann aber festgestellt werden, daß dieser Lebensstil etwa dem des Durchschnitts der heutigen gut verdienenden jungen Facharbeiter und Gesellen entspricht.

Zur sexuellen Entwicklung der vier Täter kann zusammenfassend gesagt werden, daß es ihnen allen vieren in weitestem Umfang an einer vernünftigen sexuell-erotischen Erziehung gefehlt hat. Die beiden älteren Täter, der fast 19- und der 20jährige Täter zeigen schon deutlich Spuren sexueller Verwahrlosung. Ihre Ersterlebnisse sind enttäuschend gewesen, später häufig wechselnder Geschlechtsverkehr mit Prostituierten und zufälligen Bekanntschaften. Den beiden jüngeren Tätern, dem 17- und 16jährigen, war der Mangel an sexueller Führung besonders deutlich anzumerken. Von elterlicher Seite war überhaupt nicht für die Aufklärung gesorgt worden. Diese erfolgte, wie üblich, in brutaler Weise durch Schulkameraden. Beide hatten nur unvollständige Ersterlebnisse mit Mädchen, doch noch niemals einen vollständigen Coitus erlebt. Charakteristisch für die Haltung der beiden jüngeren Täter erschien die Tatsache, daß einer von ihnen — und zwar der allerjüngste, noch nicht 17jährige — in der elterlichen Wohnung im Keller eine Art sturmfreie Bude eingerichtet hatte, wo sich auch ein Plattenspieler und eine Sammlung von Grammophonplatten befanden sowie eine primitiv hergerichtete sofaartige Sitzgelegenheit. Der Gedanke lag nahe, daß die Jungen sich hier vielleicht mit Mädchen getroffen hätten, doch beide wiesen diesen Verdacht zurück. Sie meinten, sie machten sich nichts aus Mädchen und Mädchen seien auch niemals bei ihnen gewesen. Während des Tatgeschehens spielt dieser kellerartige Raum eine gewisse Rolle.

In ihrer begabungsmäßigen Ausstattung weichen die vier Täter nicht wesentlich voneinander ab. Zwei erreichen den guten Durchschnitt des Volksschulniveaus, bezeichnenderweise die beiden jüngeren. Die beiden älteren sind etwas unterdurchschnittlich begabt, aber immer noch voll ausreichend für den ganzen Kursus einer Volksschule, den sie alle auch absolviert haben. Bei allen vieren zeigt sich das typische Symptom eines starken Nachlassens der Schulleistungen in den beiden letzten Schulklassen. Es ist der Zeitpunkt der beginnenden Pubertät, und es darf als Allgemeinerscheinung angesehen werden, daß die Leistungen in den beiden letzten Jahren der Volksschule schlechter werden. Hinzu kommt vielleicht noch der Grund, daß nach der 6. Klasse die restlichen begabteren Schüler in die Mittelschule überwechseln, so daß keine stimulierende Wirkung mehr von den begabteren Schülern ausgeht.

Handgeschickliche Begabung, Arbeitstempo, Zurechtfinden in neuen Aufgaben und Konzentrationsfähigkeit sind bei drei der Täter nahezu gleichmäßig überdurchschnittlich ausgeprägt. Nur beim letzten und jüngsten liegt dieser praktischhandgeschickliche Begabungsbereich unter dem Durchschnitt. Im allgemeinen kann gesagt werden, daß bei allen vier Tätern irgendwelche Auffälligkeiten in bezug auf die begabungsmäßige Ausstattung nicht festzustellen sind. Sie ist durchschnittlich bis gut durchschnittlich, in einigen Bereichen etwas unterdurchschnittlich, aber in keiner Weise von der Norm abweichend, — entspricht also etwa der Begabungsausstattung der breiten Schicht unserer Population.

An einem Juli-Sonnabend des Jahres 1961 finden sich diese Vier nun zusammen. Dieses Zusammentreffen ist keineswegs verabredet, im Gegenteil, der eine sucht nach dem anderen. Es dauert eine Zeitlang, bis sich zwei in einem Lokal treffen und dann die weiteren zwei hinzustoßen. Es scheint die übliche Tour für Sonnabend-Abende zu sein, die Tour, bei der man so lange in Lokalen hin- und herbummelt, bis eine gewisse Jugendbande sich zusammenfindet. Unabhängig von diesem Ziel sich gegenseitig zu treffen, scheint aber doch noch eine, von den jungen Menschen nicht zugegebene Getriebenheit in ihnen zu stecken. Sie fahren sinnlos hin und her; kurz wird auch das Vergnügungsviertel St. Pauli berührt, dann wird nach Harburg gefahren. Ohne sich gegenseitig darauf aufmerksam zu machen, suchen sie augenscheinlich irgendeine Mädchenbekanntschaft: ein Abenteuer, das Abwechslung in die übliche Art sonnabendlicher Vergnügungen bringen könnte. Unterschwellig, uneingestanden sexuell stimuliert treffen sie in einem Lokal eine Frau von etwa 40 Jahren allein an einem Tische sitzend und auch Alkohol konsumierend. Diese später Geschädigte wurde während der Gerichtsverhandlung mehrfach vom Richter aufgefordert, sich doch ruhig darüber auszusprechen, ob sie nicht an diesem Abend irgendein erotisches Abenteuer gesucht habe. Im Hinblick auf ihr Alter und ihre Stellung könne sie das doch ruhig zugeben. Die Frau leugnete mit sturer Konsequenz, offensichtlich nicht ganz wahrheitsgemäß. Der spätere Verlauf des Abends mußte doch vermuten lassen, daß hier auch seitens der Frau eine erotische Stimulierung vorgelegen hat. Ihrem Typ nach war sie äußerst primitiv, unintelligent und wurde während der Verhandlung mit dem Ausdruck „eine paläolithische Venus, die ein ungeheuer primitives sexuelles Reizschema anzubieten hat" bezeichnet. Sie war klein, übermäßig füllig und etwas auffallend aufgemacht, wie eine alternde Frau, die sich noch anziehend und reizvoll gestalten will. Die vier jungen Menschen setzten sich an ihren Tisch; es kommt bald zu einer Unterhaltung, und im weiteren Verlauf wird gemeinsam kräftig dem Alkohol zugesprochen. Augenscheinlich verfügte die Frau auch über das nötige Geld. Man sitzt in einem Lokal, dann geht man in ein anderes Lokal, wo getanzt wird. Alle vier jungen Leute tanzen mit der Frau. Dann wird ein Spaziergang vorgeschlagen.

Dieser Vorschlag zum Spazierengehen nach Verlassen des letzten Lokals, in dem getanzt worden war, ist wahrscheinlich hervorgerufen durch die unter den Jungen halb abgesprochene, irgendwie sehr vorsichtig verabredete Absicht, die Frau nun irgendwo hinzulocken und sie dort geschlechtlich zu mißbrauchen. Dabei wird so vorgegangen, daß der älteste der kleinen Bande mit der Frau zum Schein allein gelassen wird und die anderen vorsichtig hinterhergehen. Dieser Taktik wird es wahrscheinlich zuzuschreiben sein, daß die Frau mitgegangen ist und vielleicht, obgleich sie es vor Gericht leugnete, mit dem einen Jungen eventuell ein erotisches Abenteuer zu erleben hoffte.

Als sie jedoch plötzlich merkt, daß die anderen drei Jungen sich in der Nähe aufhalten und der eine, mit dem sie zusammen ist, sie auffordert und geradezu bedrängt, doch mit ihm zusammen in die Kellerwohnung zu gehen, wo Schallplatten seien und wo man sich amüsieren könne, lehnt sie dies strikt ab und will nach Hause gehen, wahrscheinlich instinktiv fühlend, daß die Jungen nichts Gutes im Schilde führen. Die beiden Anstifter verstehen ganz gewandt die Frau zu überreden, einen marktplatzartigen, unbebauten Platz mit ihnen zu durchschreiten, auf dem noch einige Verkaufsstände — halboffene hölzerne Buden — stehen. Als an diesen Buden vorbeigegangen wird, drängen die Jungen die Frau in einen der Verschläge, und hier geschieht dann die Gewalttat, bei der die Frau zuerst sich mit beträchtlicher Energie zu wehren versucht, schließlich aber nachgibt und wehrlos alles über sich ergehen läßt.

Auffallend sind zwei Momente: erstens die Tatsache, daß keinem der vier Täter eine vollständige Immissio und eine entsprechende Entspannung gelingt, was sowohl die Täter selbst als auch die Frau aussagen. Weiterhin ist auffallend, daß drei der Täter die Frau mit ungewöhnlicher Brutalität behandeln — mit einer Brutalität, die nicht etwa eine Bedrohung, ein zum Schweigenbringen beabsichtigt, sondern offensichtlich äußert sich in dieser Behandlung ein dem Sadismus nahestehendes Triebgeschehen. Als drittes wird die Frau zum Schluß noch von dreien der Jungen beraubt. Dabei werden ihr völlig wertlose Gegenstände weggenommen. Die Raubtat scheint vorher überhaupt nicht beabsichtigt gewesen zu sein. So zieht einer der Jungen der Frau einen einzelnen Strumpf ab und steckt ihn sich in die Tasche. Dann werden ihr einige fast wertlose Schmuckstücke, schließlich etwas Geld und ein leeres Portemonnaie weggenommen. Diese eigenartige Raubtat hat geradezu den Charakter eines primitiven Beutemachens. Ähnlich wie bei den Indianern der Skalp oder beim Kopfjäger der Kopf als Trophäe und Zeichen seiner Heldentat dient, so scheint hier eine Primitiv-Regung bei den Jungen die plötzliche Absicht wachgerufen zu haben, die Überwältigung der Person noch durch eine Trophäe zu dokumentieren. Da alle in keiner Weise an Geldmangel leiden, ist auch der Diebstahl der 14,— DM, die sie in der Tasche der Frau finden, ganz bestimmt nicht mit der Absicht einer Eigentumsaneignung zu erklären. Nach der bald erfolgten Festnahme der vier Täter fand man die geraubten Gegenstände bei ihnen völlig ungetarnt in den Taschen oder auf dem Tisch vor dem Bett liegend.

Dieses Bandennotzuchtsdelikt ist insofern bis zu einem gewissen Grade als paradigmatisch anzusehen, als bei den Anstiftern, den beiden älteren, während der Untersuchung eine gewisse Misogynie festgestellt werden konnte — beide hatten enttäuschende Erlebnisse mit Frauen gehabt. Die beiden jüngeren — sexuell noch völlig unerfahren — waren von den älteren notorisch nachgezogen worden.

Dieses Nachziehen von jüngeren, noch stark pubertierenden Jugendlichen wird bei solchen Banden-Notzuchtsdelikten oft beobachtet. Weiterhin ist die Person der Geschädigten sehr bezeichnend. Beim Zustandekommen von Banden-Notzuchtsdelikten kann sehr oft beobachtet werden, daß die weibliche Person, gegen die sich das Delikt richtet, in den Augen der jugendlichen Bande als minderwertig, als sexuell fragwürdig oder besonders lasziv angesehen wird, ganz unabhängig davon, ob die Tatsachen dem entsprechen. Die beim pubertierenden Jugendlichen immer durchklingende teilweise Angst, teilweise Abscheu vor dem anderen Geschlecht, da er noch nicht fähig ist, echte erotische und persönliche Bindungen anzuknüpfen, äußert sich hier in einer allgemeinen Abwertung der geschädigten Person, und daraus nimmt der einzelne Täter sich gewissermaßen das Recht, diese Person besonders verächtlich zu behandeln. In dem vorliegenden Falle sehen wir auch, daß es den Jugendlichen oder Heranwachsenden augenscheinlich gar nicht so sehr darauf ankam, sich eine sexuelle Entspannung, geschweige denn einen Genuß zu verschaffen, sondern vielmehr darauf, die weibliche Person zu schänden, verächtlich zu behandeln und irgendwie — durch Schläge, durch Kneifen und Stoßen, durch brutales Zerreißen der Kleider, schließlich sogar durch Raub — gewissermaßen zu strafen.

Wenn es auch keineswegs als Entschuldigung für solche Bandendelikte dienen darf, so ist es im allgemeinen doch sehr häufig, daß nicht beliebige Frauen und Mädchen als Geschädigte auftreten, sondern meistens solche, die in der Wohngegend und Bekanntschaft der jungen Bande bereits einen schlechten Ruf genießen. In diesem Sinne sei auf die interessanten Schilderungen des russischen Schriftstellers P. Romanof hingewiesen, der über die Lebensgewohnheiten der Taiga-Bauern im fernen Sibirien berichtet und dabei erwähnt, daß man Mädchen, die einen schlechten Ruf genossen — ähnlich wie früher im europäischen Rußland und in Westeuropa üblich — dadurch zu verfemen suchte, daß man die Schwelle ihres Hauses mit Pech beschmierte oder daß in Sibirien solche Mädchen dadurch gestraft wurden, daß eine Gruppe von Dorfburschen sich zusammentat, das Mädchen in den Wald schleppte und dort als ganze Gruppe notzüchtigte. Es mögen auch die vielen Notzuchtverbrechen der russischen Besatzungstruppen irgendwie zutiefst und triebhaft damit im Zusammenhang stehen, daß die Frauen der verachteten Feinde als etwas Verächtliches und Schäbiges auf diese Weise gekennzeichnet werden sollten. Diese Erklärung darf natürlich in keiner Weise als Entschuldigung für die Gruppen-Notzuchtverbrechen von Jugendlichen und Heranwachsenden dienen, sollen aber eventuell die vorhandenen Triebmechanismen des Kollektivunbewußten andeuten. Das plötzliche Berauben der geschändeten Frau deutet bestimmt auch in die Richtung eines solchen Kollektivunbewußten.

Einen wesentlich anderen Charakter trägt das folgend zu schildernde, ebenfalls in einer Bande ausgeführte Notzuchtverbrechen. Von den an diesem Verbrechen beteiligten fünf Tätern sind nur zwei Heranwachsende, der eine 20; 5, der andere 19; 8 Jahre, die übrigen alle über 21 Jahre, der älteste 23 Jahre alt. Der Anstifter und Haupttäter ist fast 22jährig. Im Gegensatz zu den Tätern des vorhergeschilderten Falles kommen alle fünf Täter dieses Notzuchtverbrechens aus entweder sehr ungünstigen Familienverhältnissen oder unvollständigen (mutterlosen) Familien. Ihre Vorgeschichten sind belastet durch Erziehungsschwierigkeiten, durch Schwierigkeiten in der Schule, später abgebrochene Lehren oder häufigen Berufswechsel. Sie enden alle fünf — das bringt sie als Bande zusammen — in einem Ausweichberuf, der gewöhnlich dicht vor dem Beginn der Kriminalität steht: sie sind Vertreter für verschiedene Artikel, zuletzt bei einer Firma, die Heißwasser-Geräte vertreibt. Vier von der Gruppe sind bereits mit einigen kleineren Vorstrafen belastet. Nur einer ist noch nicht vorbestraft. Was aber besonders auffallend ist: alle fünf befinden sich in einem Zustand beträchtlicher sexueller Verwahrlosung. Zwei der Täter sind bereits soweit abgesunken, daß sie sich nicht nur heterosexuell, sondern auch homosexuell betätigt haben, wahrscheinlich letzteres aus eigennützigen Zwecken — also männliche Prostitution. Das unstete Leben, zu dem der Vertreterberuf alle diese jungen Männer führt (Schlafen bis in den Tag hinein, gemeinsame Mahlzeiten mit den Kolonnenangehörigen, dann „Arbeit" etwa von 17 bis 20 Uhr und anschließend bis tief in die Nacht hinein Bummeln), hat ihnen reichlich Gelegenheit gegeben, mit ähnlich verwahrlosten Angehörigen des anderen Geschlechts zusammenzukommen. Sie erzählten bei der Untersuchung und vor Gericht, wie sie mit Mädchen Ausfahrten aufs Land unternommen hätten, wo es zu orgienhaftem Massenverkehr mit diesen Mädchen gekommen sei, ohne daß sie dazu gezwungen zu werden brauchten. Da solche Orgien meistens im Gelände stattfanden, wo dieses gerade Sichtschutz durch Büsche oder ein Kornfeld bot, nannten die jungen Leute solche Unternehmungen „Fahrten zu Ackermann".

Es begegnet uns hier also eine Gruppe von Jungen und Mädchen, die in gleichem Maße verwahrlost sind, in gleichem Maße sexuell völlig haltlos, ohne jede innere tiefere Beziehung dahinleben. Von den fünf Tätern hat nur einer derartige Fahrten aufs Land mit sexuellen Exzessen nicht miterlebt, wohl aber von ihnen gehört. Es ist derjenige, der dann später auch während des Tatgeschehens am wenigsten aktiv hervortritt.

Es geschieht nun gegen Ende Februar des Jahres 1960, daß diese jungen Leute — zuerst drei von ihnen, später gesellen sich noch zwei hinzu — in einem Lokal zwei junge Mädchen treffen, die wahrscheinlich mit der Absicht zu tanzen dieses Lokal besuchen. Das eine Mädchen — sie sind beide 16jährig — zieht sich um 10 Uhr ordnungsgemäß zurück, weil es um diese Zeit zu Hause sein muß, die andere zögert noch ein bißchen und verbringt etwa eine halbe oder dreiviertel Stunde an dem Tresen, mit den jungen Leuten plaudernd. Dabei trinkt sie auch Alkohol. Die jungen Leute, gewohnt mit hemmungsloser und bedenkenloser Weiblichkeit umzugehen, vermuten in diesem Mädchen einen ähnlichen Typ wie diejenigen, mit denen sie ihre „Fahrten zu Ackermann" zu unternehmen pflegen. Sie machen daher auch ihr den Vorschlag, zu „Ackermann" zu fahren und — darunter ein Lokal in der Nähe vermutend, willigt sie merkwürdigerweise ein. Man muß um so mehr „merkwürdigerweise" sagen, als das dafür benutzte Auto so gedrängt voll ist, daß das Mädchen nur dadurch Platz findet, indem es auf dem Schoß eines der jungen Männer auf dem Rücksitz sitzen kann. Man kann ihr also den Vorwurf nicht ersparen, recht leichtfertig gehandelt zu haben.

Nachdem die jungen Leute mit dem Wagen in eine ihnen passend erscheinende abgelegene Gegend gefahren sind, kommt es zu der Tat, in deren Verlauf das Mädchen von einem der jungen Leute genotzüchtigt wird, wobei die anderen aktiv durch Festhalten und Entkleiden des Mädchens Hilfe leisten. Bei dieser Notzucht erweist es sich dann, daß das Mädchen eine virgo intacta ist, was ihr vom Haupttäter vor dem Gewaltakt trotz ihrer Beteuerungen nicht geglaubt wird. Sie wird so stark beschädigt, daß die übrigen — es regt sich bei ihnen doch ein Mitleid, als sie sehen, daß das Mädchen nicht zu dem Typus gehört, mit dem sie gewöhnlich ihre Orgien feierten — davon absehen, auch Geschlechtsverkehr mit dem Mädchen auszuüben. Später bringen sie das verzweifelte Mädchen, das nicht wagt, in diesem Zustand nach Hause zu fahren, in ein Hotelzimmer und dort soll es noch zum Geschlechtsverkehr — diesmal aber nicht gewaltsam — gekommen sein, wobei die Umstände unklar bleiben, weil das Mädchen gewisse mnestische Lücken durch übermäßigen Alkoholgenuß hat.

Die allgemeingültige Bedeutung dieses Delikts ist darin zu sehen, daß man mit einer außerordentlich massiven sexuellen Verwahrlosung in bestimmten Schichten unserer jugendlichen und auch älteren männlichen und weiblichen Bevölkerung rechnen muß. Es wird sich dort völlig hemmungslos dem Triebleben hingegeben, ohne dabei die erotische und emotionale Seite des Erlebens zu vertiefen und ohne daß es zwischen den Partnern zu einem persönlichen Verhältnis kommt. Diese sexuelle Verwahrlosung einer ziemlich breiten Schicht führt dann dazu, daß leichtsinnige, unbedachte junge Mädchen, die mißverständlich für verwahrlost und unbedenklich gehalten werden, in große Gefahr geraten. Das eine Gemeinsame vielleicht mit dem vorigen Fall ist darin zu sehen, daß auch diese Gruppe junger Männer ihren Vorsatz, ein Mädchen in der Gruppe zu vergewaltigen, nur deshalb faßte, weil sie in diesem Mädchen eine sexuell leichtfertige, in ihren Augen nicht sehr wertvolle Frau sahen. Als sie dann entdeckten, daß sie sich geirrt hatten, ließen sie auch tatsächlich von ihrem gemeinsamen Vorsatz ab. Der Haupttäter, der die Notzucht durchgeführt hatte, versuchte sogar durch die Unterbringung des Mädchens im Hotel und durch Zuspruch seine Tat wieder gutzumachen — natürlich in völlig ungenügender und ungeschickter Weise. Für die beiden geschilderten Fälle ist auch der Umstand bezeichnend, daß sowohl die Täter der ersten Gruppe, die durchweg Jugendliche und Heranwachsende waren, als auch die Täter der zweiten Gruppe — Jungmänner — in gleicher Weise keinerlei erotische Erziehung genossen hatten und überhaupt bei ihnen in weitem Maße der emotionale Bereich verschüttet war. Diese Tatsache muß auch als Zeiterscheinung angesehen werden.

Es ist bedauerlich, daß durch das Aufheben der Distanz zwischen den Geschlechtern auch die für die echte Beziehung der Geschlechter zueinander notwendige erotische Spannung nahezu wegfällt und nur noch der elementare brutale Trieb nach einer sexuellen Entspannung übrigbleibt. Dies scheint sowohl bei Männern — vorwiegend natürlich —, als in vielen Fällen auch bei Mädchen der Fall zu sein, und die Mädchen, die immer noch das Bedürfnis nach einer erotischen Distanz, nach einem langsamen sich-einander-Näherkommen haben, geraten durch ihren natürlichen Wunsch, Freundschaften mit jungen Männern anzuknüpfen, in große Gefahr. Der zentrale Irrtum vielleicht schon des vorigen Jahrhunderts und der ersten Hälfte dieses Jahrhunderts bestand darin, daß man wohl in der Schule und im Hause versuchte, sogenannte sexuelle Aufklärung zu treiben, um die Kinder vor den Gefahren des Sexuallebens zu schützen, aber in keiner Weise bemüht war, eine richtige erotische Erziehung durchzuführen, wie es im Orient häufig ganz bewußt geschieht, eine Erziehung, die einerseits die richtige Distanz zum anderen Geschlecht schafft und andrerseits die Möglichkeit zu einer persönlichen, tieferen Bindung vorbereitet und den emotionalen Bereich des Erlebens entfaltet.

Der nächste Fall ist äußerlich ein Mord, und erst die Hintergründe veranlaßten uns, hier neben dem Mord ein Sexualdelikt zu erkennen. Ich will mit einer kurzen Schilderung der Vorgeschichte beginnen.

Nach außen hin stammt der Täter — wir wollen ihn Georg nennen — aus einer sehr geordneten und gefestigten Familie, die, wie es heutzutage selten ist, nicht nur in einem Familienverband, sondern in einem Sippenverband zusammen wohnt: in einem mehrstöckigen Haus sind mehrere Wohnungen durch Verwandte besetzt, so daß ein reger Verkehr von Großeltern zu Kindern und Großkindern, zwischen Cousinen, Vettern, Tanten und Onkeln stattfindet — allgemein also eine ganz besonders günstige Situation zur Festigung und Entfaltung eines jungen Menschen. Doch in der engeren Familie des Vaters kommt es zu Schicksalsschlägen, die in keiner Weise vom Vater verschuldet sind: seine erste Frau stirbt früh, als unser Delinquent noch nicht fünf Jahre alt ist. Um seinen kleinen Kindern eine Versorgung zu sichern, heiratet der Vater bald eine zweite Frau, die allerdings eigene Kinder mit in die Ehe bringt. Diese zweite Ehe erweist sich als sehr unglücklich. Die Frau bevorzugt offensichtlich ihre eigenen Kinder gegenüber den Stiefkindern. Der Zustand wird schließlich so unerträglich, daß der Vater sich zu dem Entschluß durchringt, um seiner eigenen Kinder willen diese Ehe zu trennen. Dann kommt es zu einer dritten Ehe, in der die Frau sich als eine durchaus positive und erziehungstüchtige Persönlichkeit erweist und in harmonischster Weise diese belastete häusliche Atmosphäre zu klären und zu ordnen versteht.

Es ist also bei Georg ein Trauma durch den Tod der leiblichen Mutter etwa im 4./5. Lebensjahr anzunehmen; das um so mehr, als der Junge sich an den Tod und die Beerdigung der Mutter, bei der er heftig geweint haben soll, nicht zu erinnern behauptet, wogegen er Ereignisse, die vor dem Tode der Mutter lagen, gedächtnismäßig gut rekapitulieren kann, — ein sicheres Zeichen für die traumatische Wirkung des Erlebnisses, da es aus dem Gedächtnis verdrängt wird.

Der Junge fällt schon früh in der Familie als Eigenbrötler auf, als ein kontaktarmes Kind, mit dem niemand etwas rechtes anzufangen versteht. Sonst aber benimmt er sich unauffällig; er absolviert die Volksschule und kommt dann in eine Betonbaulehre, in der er sich zur Zeit der Tat — er ist damals etwas über 16 Jahre alt — noch befindet. Als Verhaltensauffälligkeit wußte der Vater zu berichten, daß der Junge Süßigkeiten, die ihm geschenkt werden, niemals wie die beiden Schwestern verteile oder anderen Menschen anbiete, sondern sich mit ihnen — so auch zu Weihnachten — in eine Ecke, nach Möglichkeit auch in einen anderen Raum, zurückziehe und dort alles allein verspeise. Nach der Konfirmation, mit 15 Jahren, habe der Vater ihm, wie üblich, auch das Rauchen gestattet, jedoch nicht auf der Straße. Doch niemals habe der Junge in Gegenwart der Eltern oder Geschwister im Zimmer geraucht; er sei zu diesem Zweck meistens auf den Hof oder in einen Vorraum gegangen und habe dort quasi heimlich seine Zigarette ausgeraucht. Schließlich wurde von ihm, wenn auch nicht ganz sicher belegt, ein Fall von Tierquälerei erzählt: der Junge habe einem kleinen Kätzchen mit einem spitzen Gegenstand die Pfoten durchstochen und es so schwer verletzt, daß es getötet werden mußte. Es sei noch hinzugefügt, daß der Vater Polizeibeamter ist und somit eine auf seine bürgerliche Reputierlichkeit besonders bedachte Persönlichkeit.

Bei der Exploration des Jungen wurde bekannt, daß er ursprünglich nicht den Wunsch hatte, Betonbau zu lernen, sondern Schlachter werden wollte. Der Vater habe ihm aber von der Fleischerlehre abgeraten. Er meinte, als Schlachter würde der Sohn niemals einen selbständigen Betrieb bekommen und immer im abhängigen Verhältnis bleiben. Diese Begründung schien etwas fadenscheinig, da auch ein Betonbauer sehr wenig Chancen hat, selbständig zu werden. Gelegentlich einer Aussprache mit dem Vater wurde dieses Thema auch angerührt, und es fiel auf, wie der Vater mit einer Hartnäckigkeit, die seiner Intelligenz und seiner flexiblen Gesprächsführung nicht entsprach, dabei blieb, daß die Lehre eines Fleischers oder Schlachters für den Jungen sinnlos gewesen wäre. Dieser Punkt muß hervorgehoben werden, weil er später von einer eigenartigen Bedeutung sein wird.

Im Gegensatz zu manchen schwierigen Kindern, die aus dem Hause hinausstreben und dadurch Schwierigkeiten machen, daß sie abends nicht pünktlich zur gebotenen Zeit zu Hause sind oder etwa flüchten, ist unser Georg in dieser Beziehung ein Musterknabe. Er geht überhaupt höchst ungern von Hause, weil er keine Kameraden, keinen Kontakt, keine Beziehungen hat. Nur daran erinnert sich der Vater, und der Junge bestätigte es in der Exploration, daß er sehr gern in eine nachbarliche Schlachterei gegangen sei und dort schon als 13—14jähriger hier und da mitgeholfen und kleine Geschenke oder Taschengeld mit nach Hause gebracht habe. Mit diesen Erfahrungen aus der Knaben- und Schulzeit begründete Georg auch seinen Wunsch, einmal Schlachter zu werden. Die grausame Tat — Georg ermordete seine 52jährige, ihm gegenüber ganz besonders gütige und betane Tante — brach wie eine völlig unerwartete Katastrophe in dieses geordnete, bürgerlich reputierliche Haus und ein durchaus gemütsbestimmtes, bindungsreiches Familienleben ein.

Der Verlauf der Tat: Georg ist für einige Tage krank geschrieben worden und streunt — es ist sommerliche Jahreszeit, Juli — im Hause, auf dem Hof und im Garten herum. Solche plötzliche Perioden von Untätigkeit nach der harten Knochenarbeit, wie sie der Betonbau mit sich bringt, sind für triebgespannte pubertierende Jugendliche immer gefährlich. Der Verbrauch von physischen Energien ist ungenügend, und so stauen sich Wünsche und Entspannungsbedürfnisse an. An dem Tattage hat irgendeine Tante oder Cousine der Sippe Geburtstag, und es wird ausgemacht, daß ein Teil der Familie bereits am frühen Nachmittag dort hingeht, wogegen die Mutter von Georg und die später ermordete Tante noch einen Kuchen backen wollen und deshalb zunächst zurückbleiben. Gegen 14 Uhr kommt die Tante in die Küche der Mutter und erzählt ihr, daß sie noch oben zu tun hätte. Daraufhin begibt sie sich in ihre Wohnung. Nach der Ursache gefragt, weshalb er gerade diesen Tag zur Ausführung seiner Tat anwandte, sagte Georg später sowohl vor dem Richter als auch bei der psychologischen Untersuchung aus, er sei bei den Aussagen der Tante der Mutter gegenüber zugegen gewesen und habe plötzlich festgestellt, daß sie nun allein in der Wohnung sei. Als Motiv für seine Tat hatte übrigens Georg anfangs und auch später immer wieder hartnäckig die Absicht angegeben, er hätte die Tante um 20,— DM berauben wollen, um ins Kino gehen zu können. Es ist aber festzuhalten — und das ist wahrscheinlich eine echte Aussage: er weiß, die Tante ist allein, „endlich allein" — möchte man sagen. Die Gelegenheit zur Tat ist da.

Wenn man einen solchen Augenblick ausnützt, so ist anzunehmen, daß das Bedürfnis, etwas zu tun, irgendein Verbrechen an der Tante zu begehen, schon bereits bestanden haben muß, und nun, da man sie allein in der Wohnung weiß, sieht man die Gelegenheit zur Tat. Der Junge läuft auf den Boden des Hauses und holt sich dort aus einem Handwerkzeugkasten, der für alle Bewohner des Hauses zur Verfügung steht, einen etwa 2 kg schweren Fäustel. Darauf läutet er an der Tür der Tante mit dem Plan, sie um das abendliche Fernseh-Programm zu bitten und im Augenblick, wenn sie dann sich umwendend zum Zimmer gehen wird, ihr einen Schlag mit dem Fäustel auf den Hinterkopf beizubringen. Wie der Tatverlauf wirklich war, ist nicht genau bekannt. Es liegt hierzu nur die Schilderung des Täters selbst vor, und man hat Kenntnis von dem Zustand, in dem die Tante später von den Angehörigen vorgefunden wurde. Georg selbst gibt an, er habe die Tante, wie beabsichtigt, mit dem Fäustel auf den Kopf geschlagen, jedoch sei sie dabei nicht von ihm abgewandt gewesen, sondern habe vor ihm gestanden, sei dann hingefallen, worauf er, sich über sie beugend, ihr noch mehrere Schläge auf den Kopf beibrachte, bis er annahm, daß sie tot wäre. Bei der Präparierung des Schädels der Ermordeten konnten 13 schwere Rupturen durch Hammerschläge festgestellt werden. Nachdem er den Mord ausgeführt hatte, machte Georg auch nicht den geringsten Versuch, irgendwo in der Wohnung nach Geld zu suchen, sondern flüchtete mit der Mordwaffe in den Garten, über eine Wiese und warf den Hammer in einen Bach, wo er später von der Polizei gefunden wurde. Selbst aber ging er in den Hühnerstall und machte sich dort irgendwie zu schaffen. Der Mord wurde relativ bald nach der Tat aufgedeckt, da es der Mutter von Georg auffiel, wie still es in der Wohnung über ihr, in der die Tante wohnte, plötzlich geworden war. Bis dahin hatte sie die Frau hin- und hergehen hören. Da auf ihr Klingeln und Rütteln an der Tür nicht geöffnet wurde, alarmierte sie ihren mittlerweile nach Hause gekommenen Mann. Durch ein Fenster konnten sie dann in die Wohnung einsteigen. Die Tante wurde noch lebend, aber bewußtlos vorgefunden, und zwar nicht in der Lage, wie Georg sie geschildert hatte — mitten auf der Diele auf dem Boden liegend —, sondern an einem Türpfosten der Tür zur Küche lehnend, schwer stöhnend und merkwürdigerweise die Hände krampfhaft über dem Schoß festhaltend. Georgs Mutter versuchte, ihr mit einem nassen Handtuch, das sie um ihren blutenden Kopf band, erste Hilfe zu leisten. Sodann erschien in wenigen Minuten ein Peter- und Krankenwagen, der die schwer verletzte Frau ins Krankenhaus brachte. Im Laufe der Nacht ist sie dann, ohne wieder das Bewußtsein erlangt zu haben, an schweren Gehirnblutungen gestorben. Bei der Tatbesichtigung wurden einige Einzelheiten festgestellt, die der Schilderung von Georg über die Ausführung der Tat widersprachen und einen etwas anderen Verlauf vermuten ließen. Schon allein die Tatsache, daß die Tante nicht auf der Diele liegend, sondern am Türpfosten lehnend vorgefunden wurde, war merkwürdig. Es konnte durch die ärztliche Expertise nicht eindeutig beantwortet werden, ob ein Mensch in einem so schwer verletzten Zustand mit völlig zertrümmertem Schädel noch in der Lage sein kann, sich zu erheben und eine andere, sitzende Stellung, sich an den Türpfosten anlehnend, einzunehmen. Die Bewegungsfähigkeit nach ernsten Verletzungen ist bei Menschen individuell außerordentlich verschieden. Noch ein anderer Umstand fiel auf, der aber auch nicht gewichtig genug war, um volle Klarheit zu schaffen. Der Täter selbst behauptete, breitbeinig über der in der Mitte des Flures am Boden liegenden Tante gestanden und in dieser Stellung ihr die Schläge auf den Kopf beigebracht zu haben. Dagegen fand man an der weißlackierten Tür, die zur Küche führt und während der Tat offen gestanden haben mußte, eine deutliche Delle, die ihrer Form nach von dem Fäustel — Hammer — herrühren konnte. Diese Delle befand sich auch in einer Höhe, die etwa der entsprechen würde, wenn der Täter, mit dem Fäustel weit nach rückwärts ausholend die Tür getroffen haben könnte. Für diesen Schlag hätte aber der Täter nicht in der Mitte der Diele, sondern in der Küchentür gestanden haben müssen und stehend nach unten geschlagen haben — etwa so, wie die Tante vorgefunden wurde — auf die sitzende Frau. Weiterhin war es sehr auffallend, daß die Frau, als man sie vorfand, in ihrer Bewußtlosigkeit noch krampfhaft die Hände gegen den Schoß preßte.

Die Sinnlosigkeit und Grausamkeit der Tat mußte natürlich alle Angehörigen des mit Verwandten bewohnten Hauses — natürlich auch uns — zu den verschiedensten Vermutungen führen.

Zunächst fiel keinerlei Verdacht auf den eigentlichen Täter — Georg. Der Vater stöberte ihn im Hühnerstall auf und befahl ihm, beim Aufräumen der völlig mit Blut bespritzen Diele zu helfen, nachdem die Tante schon ins Krankenhaus gebracht worden war. An dieser Säuberung beteiligte sich der Junge stillschweigend und äußerte nur einmal, wer wohl diese schreckliche Tat begangen haben könnte. Später fragte er die Mutter, ob die Tante, falls sie gesund werden würde, so tütelig sein würde, daß sie gar nichts mehr sagen könnte. Diese Frage erschien der Mutter nicht merkwürdig, sondern womöglich nur als ein Ausdruck der Besorgnis über den Zustand der Tante.

Dagegen war das Verhalten des Vaters auffallend insofern, als er am Abend, nachdem der Junge ins Bett geschickt worden war, in das Schlafzimmer ging, das der Junge mit seinen beiden Schwestern teilte und seine Kleider genau zu untersuchen anfing. Diese Untersuchung kann nur deshalb geschehen sein, weil beim Vater irgendein Verdacht lebendig geworden sein mußte. Und tatsächlich stellte der Vater an mehreren Stellen von Georgs Hose Blutflecken fest. Auf diese Blutflecken hin sagte der Vater in Gegenwart der Mutter dem Jungen den Mord auf den Kopf zu. Erst leugnete der Junge. Als der Vater dann die Reitpeitsche zog, gestand der Junge, und der Vater, der natürlich als Polizeibeamter besonders erschüttert sein mußte, brachte den Jungen noch am selben Abend persönlich zur Polizeiwache, wo dann die erste Vernehmung und offizielle Festnahme durchgeführt wurden.

Nachdem schon die Auffälligkeiten am Tatort erwähnt worden sind, ist darauf hinzuweisen, daß während der Untersuchung mir das Verhalten des Vaters in zwei Punkten auffiel. Den einen habe ich schon erwähnt: die strikte Ablehnung des Berufswunsches des Jungen, die Fleischerlehre zu besuchen und zweitens der von Seiten eines Vaters nach einer so furchtbaren Tat doch sehr merkwürdige, plötzlich aufkeimende Verdacht, der Junge könnte der Täter sein, wozu zunächst nicht der geringste Anlaß gegeben zu sein schien, um so mehr, als diese Tante sich gerade besonders liebevoll um den Jungen, der ein so einsames, eigenbrötlerisches Dasein in der Familie führte, bemüht hatte. Als man den Vater während der Untersuchung auf diesen Punkt ansprach, verhielt er sich ebenso abweisend wie in der Frage der Berufswahl und meinte nur, er habe sich verpflichtet gefühlt, die Kleider des Jungen zu untersuchen, nachdem er erfahren hatte, daß die Tante augenscheinlich mit einem schweren hammerartigen Gegenstand erschlagen worden sei. Der Zusammenhang zwischen dem Tatwerkzeug und dem Verdacht gegen den Jungen erschien völlig unklar.

Nach der furchtbaren Tat meldeten sich nun eine ganze Reihe von Verwandten mit Aussagen über Dinge, die sie früher — wahrscheinlich um die Eltern zu schonen und die Familienatmosphäre nicht zu verderben — verheimlicht hatten. Diese Aussagen waren sehr bezeichnend für das sexuelle Verhalten von Georg. Die Großmutter, eine noch nicht 60jährige Frau, erzählte, der Junge habe sich einmal, als er krankheitshalber zu Hause war, dazu gedrängt, ihr beim Saubermachen der Zimmer zu helfen und sich dabei sehr eigenartig verhalten. Mehrfach habe er sich gebückt oder ganz auf die Knie niedergelassen und bei ihr am Rock irgendwelche Fäden oder Fusseln zu bemerken behauptet. Dabei hatte sie das Gefühl, als ob er dies nur vorschützte, um ihr unter den Rock sehen zu können. Schließlich meldete sich der Mann der Ermordeten und erzählte, daß seine Frau ihm berichtet habe, Georg habe einmal in einer nicht mißzuverstehenden Absicht, als sie im Hühnerstall zu tun hatte, sie von hinten her umfaßt und etwas indezente Zärtlichkeiten versucht. Dabei habe sie das Gefühl gehabt, daß der ganze Junge zitterte. Sie habe ihn freundlich abgewehrt und damals auch keine Geschichte daraus machen wollen. Einen solchen Versuch, sich an sie zu drängen, habe Georg auch später noch einmal unternommen. Schließlich erzählte die Stiefmutter des Jungen, auch sie habe ein eigenartiges Erlebnis mit ihm gehabt. Eines nachmittags, als sie sich müde von der Hausarbeit hinlegte und etwas schlummerte, sei sie dadurch aufgewacht, daß der Junge vorsichtig tastend ihr mit der Hand unter die Röcke zu fahren versuchte. Sie sei aufgefahren und habe ihm sofort eine Ohrfeige gelangt. Als der Vater dann später den Sohn vornahm, habe dieser nach heftigem Leugnen gestanden, er hätte sehen wollen, wie der nackte Körper einer Frau aussieht.

Während der Untersuchung so wie später während der Gerichtsverhandlung wurde Georg vorgehalten — vielmehr wurde er gefragt, ob er ein sogenanntes Doktorbuch, das sich im Schrank des Großvaters befand und in dem schematische und auch natürliche Darstellungen des menschlichen Körpers, wie das bei populärwissenschaftlichen Büchern üblich ist, von der embryonalen Entwicklung an abgebildet waren, — ob er also dieses Buch jemals heimlich betrachtet habe. Der Junge leugnete erbittert. Sowohl während der Untersuchung als auch bei der Gerichtsverhandlung gelang es nicht, trotz noch so eindringlicher Fragen und trotz des Hinweises, daß eine solche Betrachtung des Buches nichts Verbotenes und nichts Schlechtes sei, Georg von der Behauptung abzubringen, er habe das Buch nie angerührt, was natürlich sehr auffiel. So fiel es auch auf, daß er in einer ganzen Reihe anderer Fälle, wo weder sein Vorteil noch seine Verteidigung in Frage gestellt wurden, erbittert leugnete. Er leugnete, erst durch Schläge von seinem Vater zum Geständnis der Tat gezwungen worden zu sein, weiterhin leugnete er, irgendetwas von dem Lärm und der Unruhe im Hause, von dem Einfahren des Peterwagens und des Krankenwagens gehört zu haben, als er sich gleich nach der Tat in dem auf dem Hof liegenden Hühnerstall befand. Schließlich leugnete er auch seine sexuellen Annäherungsversuche bei der Tante hartnäckig. Nur die Berührung der Mutter, der er gegenübergestellt wurde, gab er zu, behauptete aber, es aus ganz anderer Absicht — um die Mutter besser zu verhüllen — getan zu haben.

Der Vater bestätigte die außerordentliche Verbocktheit des Jungen, die mit dem Älterwerden immer mehr zugenommen habe. Ebenso hartnäckig behauptete Georg, daß die Tante, als er weggegangen sei, auf der Diele gelegen habe und die Mutter sie wohl aus dieser Lage aufgehoben und an den Türpfosten gelehnt haben müsse. Die Mutter und der Vater dagegen, die beide anwesend waren, als der Mord entdeckt wurde, blieben glaubhaft bei der Behauptung, sie hätten die Tante in sitzender Stellung vorgefunden, und besonders auffallend sei die krampfhafte Haltung der Hände vor dem Schoß gewesen, die sie beinahe mit Gewalt lösen mußten. Alle diese Umstände und schließlich ein ganz ungewöhnliches Ergebnis des Rorschachtestes verstärkten den Verdacht, daß es sich bei diesem Jungen um irgendeine abwegige Triebstörung handelte.

Nun geschah während der Gerichtsverhandlung noch ein eigenartiger Vorfall. In einer Verhandlungspause wurde dem Staatsanwalt eine Akte mit dem Zunamen des Georg auf den Bürotisch gelegt. Als er sie aufklappte, mußte er feststellen, daß es sich um einen älteren Mann gleichen Namens handelte und daß dieser Mann der leibliche Onkel des Delinquenten Georg sei. Dieser Mann aber war schon mehrfach wegen schwerer Sittlichkeitsverbrechen vorbestraft und wurde z. Z. wegen Angriffs auf ein 13jähriges Mädchen strafverfolgt. Von Beruf war er Schlachter. Nach dieser Feststellung wurde es nun verständlich, warum der Vater seinen Jungen so sehr von dem Schlachterberuf abgehalten hatte. Dieser eine, von der Familie verstoßene und verheimlichte Bruder, der die bürgerliche Reputierlichkeit und das Ansehen der Familie augenscheinlich schädigte, war der Grund für die Furcht des Vaters, daß der Sohn vielleicht, weil er den gleichen Beruf anstrebte, in die Fußstapfen dieses Bruders geraten könnte. Die verschiedenen Erziehungsschwierigkeiten, Bockigkeiten werden im Vater schon lange den Verdacht geweckt haben, daß etwas mit dem Jungen nicht in Ordnung sei. So wird es auch verständlich, warum der Vater unfaßlicherweise als erster den Verdacht, die schreckliche Mordtat begangen zu haben, auf den Sohn lenken konnte.

In der Rorschachprobe war das Ergebnis insofern überraschend und offensichtlich abwegig, als von 10 Antworten 5 massive Sexualantworten und 4 Anatomieantworten mit offensichtlich auch sexuellem Hintergrund gegeben wurden. Wenn es auch als ein typisches Pubertätssymptom bekannt ist, daß ein gewisser Prozentsatz — bis zu 40 % manchmal — im Rorschachtest bei Jugendlichen Sexual- und Anatomieantworten sein können, so ist eine derartige Dichte doch höchst auffallend. Um so auffallender war das Verhalten des Probanden während des Tests. Als er am Schluß der Deutungsphase gefragt wurde, warum er denn immer so komische Körper- und Geschlechtsteile deute, sagte er eigensinnig und sogar etwas ärgerlich: „Ja, Sie zeigen mir ja solche Dinge." Offensichtlich war er überzeugt von dem, was er sah.

Nach allen diesen Feststellungen und Beobachtungen könnte vielleicht der Versuch gemacht werden, diesen sonst völlig unmotivierten Mord des Jugendlichen an einer älteren Frau so zu erklären, daß hier eine Reihe von Motivschichten gewissermaßen übereinander lagen. Auf der äußersten Oberfläche rationalen Überlegens wird wahrscheinlich eine Art Angst vor der Entdeckung seiner sexuellen Annäherungsversuche an der Tante gestanden haben. Das Motiv des Geldraubes ist ein reines Ausweichmotiv, mit dem er das ihm selbst vielleicht nicht ganz Erklärliche der Tat nach außen hin irgendwie begründen wollte. Die Angst also, die bei Pubertierenden besonders stark sein kann, von seiner Umgebung beschämt zu werden, ist bei ihm wahrscheinlich besonders stark, weil er sich einsam und fremd in seiner Umgebung fühlt. Die Angst also vor der Entlarvung seiner sexuellen Wünsche der Tante gegenüber war sozusagen das erste, das Oberflächenmotiv, das ihn zur Tat hätte veranlassen können. Es hätte aber bestimmt nicht genügt, um die Energie für eine so schreckliche Tat zu entfesseln. Im Hintergrunde stand wahrscheinlich (es ist immerhin nur eine Vermutung, weil man unwillkürlich an die eigenartige Handhaltung der Tante denken muß und die vorherigen merkwürdigen sexuellen Verhaltensweisen des Jungen) in der zweiten Schicht der Motive die Absicht, der drängende Wunsch, die Genitalien einer Frau zu sehen, wie das oft bei Pubertierenden vorkommt. Die vorherigen Versuche, besonders bei der Großmutter, deuten durchaus in diese Richtung hin. Es war also bewußt Angst vor Entlarvung und etwas unterschwellig schon die Hoffnung und der Wunsch, bei dieser Gelegenheit seine puberal überspitzte sexuelle Neugierde zu befriedigen. Daß er diese Neugierde aber zutiefst als etwas Verbotenes, Schlechtes empfand und sich ihrer schämte, geht aus der eigenartigen Bockigkeit hervor, mit der er leugnete, jemals das sogenannte Doktorbuch, in dem ja auch eine ganze Reihe von Sexualdarstellungen enthalten sind, gesehen zu haben. Es mag sein, daß gerade dieses Buch trotz seiner nüchtern-sachlichen Darstellungen diese überhitzte und gestaute Phantasie des Pubertierenden zu den eigenartigen Deutungen im Rorschachtest gebracht hat. Und schließlich noch eine Schicht tiefer, nun schon für ihn völlig unbewußt, mag eine sadistische Komponente des Wesens vorgelegen haben, wenn man an die Straftaten eines nahen Blutsverwandten, des Onkels denkt und an die Tierquälerei, der er sich seinerzeit schuldig machte. Es ist also das Bedürfnis zu quälen, zu verletzen, womöglich in brutalster Weise Blut zu sehen.

Im Sachverständigengutachten wurden alle diese Dinge dem Gericht zur Kenntnis gebracht. Man fühlte sich verpflichtet, diese wenn auch nur hypothetischen Setzungen dem Gericht nicht zu verschweigen. Das Gericht folgte insofern diesen Ausführungen, als es auf Empfehlung des Sachverständigengutachtens den Hinweis ins Urteil hineinnahm, daß der Täter, der in diesem Falle, da es sich um einen eklatanten Mord handelte, selbstverständlich die höchste Jugendstrafe von 10 Jahren erhielt, bei seiner Entlassung besonders sorgfältig psychiatrisch und psychologisch untersucht werden müsse, um evtl. zum Schutze der Öffentlichkeit geeignete Maßnahmen ergreifen zu können. Nun hat es das Schicksal gewollt, daß dieser Fall schon vorher zu einer Klärung gebracht wurde. Nach siebenjähriger Haft erkrankte Georg an einer schweren Mandelentzündung, die einen operativen Eingriff erforderte. Er war um diese Zeit schon Erwachsener von 23 Jahren und befand sich in der Strafanstalt Neumünster. Bei der Überführung in ein Krankenhaus gelang es ihm zu flüchten und, obgleich er nach wenigen Tagen schon wieder festgenommen wurde, beging er während dieser kurzen Zeit ein schweres Notzuchtverbrechen. Man hatte also mit der Analyse rechtgehabt, daß es sich hier um einen Gewalttäter mit sexuellen Triebstörungen handelt, der der Öffentlichkeit besonders gefährlich werden kann. Durch dies zweite Verbrechen wird wahrscheinlich die Möglichkeit gegeben sein, ihn für eine beträchtliche Zeit zu internieren, obgleich auch damit das Problem nicht gelöst ist und immer wieder die Gefahr besteht, daß bei einer evtl. Entlassung auch im Alter von 40—50 Jahren die Triebstörung wieder ausbrechen kann, so wie sie bei seinem Verwandten in einem sehr späten Alter sich auch noch zeigte.

Damit stoßen wir unwillkürlich auf die Problematik der Sterilisation, die in bestimmten Fällen indiziert sein könnte, um die Öffentlichkeit vor solchen Tätern zu schützen und andererseits vielleicht auch die Täter selbst, die im übrigen, außer dem sexuellen Sektor, durchaus nicht kriminell zu sein brauchen.

Generalisierend ist zu dem letzten Fall zu sagen, daß die Kriminalitätsursache letztlich hier in der ungewöhnlichen Kontaktschwierigkeit zu sehen ist, die auch jede natürliche Beziehungsaufnahme zum anderen Geschlecht ausschließt. Diese Unfähigkeit sich aufzuschließen, sich zu binden, führt dann durch Aufstauung der an sich natürlichen Triebbedürfnisse schließlich zu einer gewaltsamen Lösung. Die ungeheure Triebaufstauung eines intensiv Pubertierenden, der in seiner Einsamkeit überhaupt keine Hilfé fand, die ihn erzieherisch über die Problematik des Sexuellen hinweggebracht hätte, führte zur Katastrophe. So wohlmeinend die Stiefmutter war, so hätte gerade der Anlaß seines Vergehens an ihr vielleicht einen Ansatz dazu geboten, den Jungen aufzulockern: stattdessen wurde er mit einer Ohrfeige zurechtgewiesen, d. h. es wurde diese Sphäre wiederum, wie das in vielen Schichten der Bevölkerung geschieht, mit einem strengen Tabu belegt. Es wäre hier aber verfehlt, den Vorwurf, wie das heute so oft geschieht, nur gegen die Erziehungspersonen zu richten. Es ist nicht zu verkennen, daß im Falle Georg eine ganz besonders ungünstige Disposition vorgelegen haben muß, und vielleicht ist diese ungünstige Disposition durch das traumatische Erlebnis des frühen Todes der leiblichen Mutter und durch die späteren unvermeidbaren Erziehungsfehler nur besonders geweckt worden und hat dann zu einer Fehlentwicklung und Triebartigkeit geführt.

Aus der Rheinischen Landesklinik für Hirnverletzte, Bonn
(Direktor: Prof. Dr. K. Walter)

Sexualdelikte im Zusammenhang mit Hirnschädigungsfolgen

von *Hermann Laakmann*, Bonn

Für die Mehrzahl von Sexualdelinquenten stellt sich das Thema dieses Referates nicht. Im folgenden soll aber gezeigt werden, worin gewisse Verbindungen und Ähnlichkeiten zu sehen sind zwischen hirngesunden aber abnormen Persönlichkeiten und hirngeschädigten, wesensgeänderten Patienten, die wegen sexueller Delikte straffällig werden. Außerdem hat die Themenstellung doch zuweilen praktische forensische Bedeutung, z. B. wenn sich im Verfahren herausstellt, daß der Angeschuldigte hirnverletzt ist, wenn er eine Hirnschädigung geltend macht oder Verdachtsmomente dafür bestehen. Für den Einzelfall ist es sicher nicht belanglos, ob die Berücksichtigung einer Hirnverletzung zu einer völlig anderen strafrechtlichen Beurteilung führen kann.

Eine gewisse Häufung allgemeiner Straftaten bei Hirngeschädigten wird von vielen Autoren angenommen. Nach einer Mitteilung von *Hoheisel* waren 34 von 715 Hirnverletzten straffällig, das sind 4,1 %. — Der Anteil der Straffälligen in Hessen betrug im gleichen Zeitraum 1,7 %. — Allerdings waren schon 8 von 34 vor der Verletzung teilweise mehrfach vorbestraft. *Hoheisel* fand, daß 9,4 % aller Orbitalhirnverletzten straffällig wurden. Er führt aus, daß auch der Lokalisation der Verletzung eine Bedeutung zukomme neben anderen Faktoren wie sozialer Situation und konstitutionellen Momenten.

Lindenberg stellt von 1946—1950 bei 4500 anerkannten Berliner Hirnverletzten 187 kriminelle Delikte fest, das wären umgerechnet 4,16 %. Von *Schumann* fand unter 1100 Hirnverletzten 110 kriminell gewordene (also 10 %), konnte aber Steigerungen „innerhalb einer Strafkategorie in Verbindung mit einer bestimmten Lokalisation der Hirnverletzung" nicht feststellen.

In dem Material unserer Klinik wurden von insgesamt 4031 klinisch-diagnostisch gesicherten Fällen von Hirnverletzungen — sie wurden aus einem Krankengut von über 10 000 Patienten ausgewählt — mindestens 118 allgemein straffällig.* Berücksichtigt wurden die Jahrgänge von Kriegsende bis 1960. Es errechnet sich eine Zahl von fast 3 % straffälligen Hirnverletzten, die aber durch Dunkelziffer sicher zu niedrig ist.

Kaila allerdings kommt aufgrund einer Methode zur quantitativen Erfassung kriminellen Verhaltens und der Möglichkeit eines statistischen Vergleichs eines Untersuchungsmaterials mit der Kriminalität der Durchschnittsbevölkerung zu dem Schluß, daß die Kriminalität der Hirnverletzten nicht wesentlich verschieden von nicht hirnverletzten Kontrollgruppen (Patienten mit anderen Körperverletzungen) sei. *Kaila* räumt ein, daß eine Hirnschädigung in einzelnen Fällen eine kriminogene Bedeutung haben könne, nicht aber in dem Maße, daß sie statistisch bedeutungsvoll sei. Auch *Dubitscher* betont, daß Hirnverletzte nicht mehr und weniger straffällig werden als Hirngesunde.

Eine besondere Beachtung haben von den Hirngeschädigten immer wieder Stirnverletzte erfahren. *Faust* wies auf die relative Häufigkeit krimineller Delikte bei Stirnhirnverletzten hin. Von 70 genauer katamnestisch Untersuchten waren 10 in Strafverfahren verwickelt; 7 davon waren am Orbitalhirn, 3 doppelseitig am oberen Stirnhirn verletzt.

Über die Häufigkeit sexueller Störungen nach Hirnverletzung gehen die Ansichten der Autoren viel weiter auseinander. Die mitgeteilten Ergebnisse differieren je nach Anlage der Untersuchung (Fragebogenmethode usw.)

Von hundert Kranken, die *J. E. Meyer* befragte — sie befanden sich überwiegend zur Begutachtung in der Klinik — berichteten 81 über sexuelle Störungen, die fast immer mit Herabsetzung des Sexualtriebes verbunden waren. Bei sieben Kranken bestand Impotenz, neun gaben eine Steigerung des Sexualtriebes an. Nach *Meyer* geht die Stärke der sexuellen Störungen, soweit sie nicht spezifisch-hypothalamische Symptome sind, der Schwere der Verletzung ungefähr parallel. Bei Verletzungen der Stirnhirnkonvexität sieht Meyer die Herabsetzung des Sexualtriebes als offenbare Folge des frontalen Antriebsmangels, Steigerung des Sexualtriebes bei Orbitalgeschädigten als Ausdruck der psychischen Enthemmung. Meyer führt aus, daß es sich in manchen Fällen von Steigerung des Sexualtriebes möglicherweise um eine echte Erhöhung der Appetenz handelt, wie sie im Tierexperiment nach rhinencephalen Läsionen beobachtet wird. Die schweren sexuellen Störungen bei der Läsion im Hypothalamus werden von Meyer als Lokalsymptom — Störung im Bereich des Sexualzentrums — aufgefaßt.

* Diese statistischen Mitteilungen verdanke ich Herrn Dr. W. *Happel.*

Nach Ansicht des Autors steht die Herabsetzung des Sexualtriebes psychopathologisch der (nicht frontal zu lokalisierenden) Antriebsstörung am nächsten.

Auch andere Untersucher sprachen sich für einen engen Zusammenhang sexueller Störungen mit der erlittenen Hirnschädigung aus *(Stier, Busemann, Bay, Menninger-Lerchenthal). Bodechtel* und *Sack* konnten unter 916 Hirnverletzten sexuelle Störungen nur bei 44 Kranken finden. Bei elf bildeten sie sich innerhalb weniger Wochen zurück. Nach den Erfahrungen von *Fleck* treten Sexualstörungen bei Hirnverletzungen nicht so häufig auf, wie das im allgemeinen angegeben wird. *Fleck* betont, daß es sehr bald zu einem völligen Ausgleich der gestörten Funktionen kommt.

Von den 4.031 Fällen unserer Klinik, die Jahre und Jahrzehnte nach dem Trauma zur Untersuchung, Behandlung und Begutachtung kamen, klagten 479 männliche Patienten über sexuelle Störungen, entsprechend 11,87 %. Nur 25 gaben eine Steigerung des Sexualtriebes an (0,62 %), die übrigen berichteten über ein Nachlassen von Libido und Potenz. Diese ermittelte Zahl von fast 12 %, in denen sexuelle Störungen nach Hirnschädigung auftraten und mitgeteilt wurden, ist sicher zu hoch. Bei genauer Durchsicht und Auswertung der Angaben in den Einzelfällen — sie sollen einer späteren Mitteilung vorbehalten bleiben — stellt sich heraus, daß die Störung oft erst „in den letzten Jahren" deutlich wurde. Außerdem muß man u. E. bei Anfallskranken dämpfende Medikamente berücksichtigen, dann den normalen Alterungsprozeß und andere bestehende vorwiegend interne Leiden z. B. Hypertonie und Stoffwechselstörungen, die zu einer Änderung des sexuellen Verhaltens führen können.

Im folgenden werden sog. Sexualneurosen, die uns in der Klinik ebenfalls begegnen, außer Betracht bleiben. Nun gibt es auch bei Hirnverletzten neben den oben angegebenen Sexualstörungen mehr quantitativer Art — herabgesetzte oder in ganz geringem Maße auch gesteigerte sexuelle Erregbarkeit — fließende Übergänge bis zum Vollzug pathologischer Sexualdelikte. Vorweg sei gesagt: Es mag sicher Hirngeschädigte geben, die durch epileptische Anfallsäquivalente zum öffentlichen Onanieren und Exhibitionieren gelangen. Es bleibt dann in der Regel eine Amnesie für das Geschehene zurück. Nach unseren Erfahrungen aber kommen Sexualdelikte im epileptischen Dämmerzustand bei Vorliegen einer traumatischen Hirnschädigung nur selten vor.

Zu den Sexualdelikten bei Hirngeschädigten noch einige Literaturhinweise:

Lauber hat 14 Fälle von Frontalhirnverletzten, die sexuelle Delikte begingen, mitgeteilt, wobei sich auch einzelne Fälle mit angeblicher Umdämmerung befanden. Neunmal trat Exhibitionismus auf, viermal gleichzeitig eine Steigerung des Sexualtriebes, fünf Fälle waren allgemein sexuell enthemmt bzw. in ihrer sexuellen Triebrichtung verändert, ohne daß exhibitionistische Akte in Erscheinung getreten waren. *Lauber* leitet aus seinen Fällen ab, daß der Exhibitionismus bei Frontalhirngeschädigten nicht einfach Ausdruck allgemein-sexueller Enthemmung sei, sondern — unter Berücksichtigung der antriebsverarmten und somit kontaktgestörten Fälle — auf eine Regression in phylo- und ontogenetisch gesehen „atavistisches" Verhalten zurückgeführt werden müsse, die wiederum durch die Funktionsbeeinträchtigung des frontalen Endgliedes der humanen Hirnentwicklung bedingt sei.

Porot fand unter 60 Fällen mit Gehirnläsionen oder einfachen Commotionen acht Sittlichkeitsdelikte. Unter den 34 Fällen von *Hoheisel* waren vier mit sexuellen Straftaten. *Lindenberg* nennt unter den 187 straffällig gewordenen Hirnverletzten elf, die Sexualdelikte an Mädchen begangen hatten, dann zwei Fälle von Exhibitionismus.

Wir selbst übersehen z. Z. 32 Hirnverletzte, bei denen Sexualdelikte bekannt wurden. Bei drei lagen die Straftaten vor der Verletzung. Sie scheiden bei den nachfolgenden Erörterungen aus. Einer wurde vorher und nachher durch homosexuelle Akte straffällig.

Weitaus das häufigste Delikt stellt Unzucht mit Kindern dar. Von den 29 Patienten waren es allein 13. Nach der Häufigkeit geordnet folgen dann Exhibitionismus: sechs Patienten, Homosexualität: vier Patienten, Inzest: zwei Patienten, inzestiöse Handlungen Vater-Tochter: ein Patient, Notzucht: ein Patient, Unzucht mit Geistesschwachen: ein Patient, Triolismus: ein Patient.

Zwei Patienten waren außerdem wegen Bigamie vorbestraft. Das Durchschnittsalter betrug bei der Verletzung fast 25 Jahre (24,8), bei Begehung der Straftat 42$^1/_2$ (42,3). Zur Lokalisation: 18 Patienten waren stirnhirnverletzt (drei Orbitalhirn, 15 vorwiegend Verletzung der Stirnhirnkonvexität), zwei hatten eine Temporal-, vier eine Parietal-, einer eine Occipital- und vier eine diffuse Allgemeinschädigung.

Die Mehrzahl unserer Hirnverletzten mit Sexualdelikten waren somit im Bereich des Frontalhirns geschädigt. Zwei Patienten begingen mehrere Delikte. Bei sieben Patienten besteht eine Koppelung mit sonstigen Straffälligkeiten (Diebstahl, Unterschlagung usw.) soweit wir es aus den vorliegenden Strafregisterauszügen ersehen konnten. Wie schon oben ausgeführt beschränken sich unsere Fälle auf ältere traumatische Hirnschädigungen. Unberücksichtigt bleiben im Rahmen dieses Vortrages zunächst frühkindliche Hirnschädigungen.

Es soll nun noch einiges zu den Sexualdelikten und Störungen bei Schädigungen des Gehirns anderer Genese gesagt werden, wie z. B. bei Hirnatrophie, bei operativ gesetzten Verletzungen fronto-thalamischer

Bahnen durch Leukotomie und bei Encephalitis. *Thea Luers* berichtete über Fälle von Stirnhirnatropie, die u. a. durch sexuelle Hemmungslosigkeit auffielen. Nach *Luers* könnte man sich vorstellen, daß vom Thalamus umgeformte Erregungen, emotionelle und triebhafte Impulse zur orbitalen Rinde aufsteigen, wo sie ihre assoziative Besetzung mit Bindungen, Beladung mit Inhalten, ordnende Verteilung, Dämpfung, Führung, kurz eine „Humanisierung“ erfahren.

Erwähnt seien hier die Beobachtungen über das sexuelle Verhalten frisch Leukotomierter durch *Freeman* und *Watts*. Bei Spätfällen fanden sie unter 74 Untersuchten fünf mit gesteigertem Sexualtrieb. *De Medeiros* und *Garcia* gaben bei 107 Kranken in 7 % Anomalien des sexuellen Verhaltens an. *Petridge* und *Kolb* berichteten über postoperativ auftretende Perversionen. Bei *Levine* und *Albert* (40 Fälle) waren nur vier Kranke wegen ihrer gesteigerten Sexualität sozial auffällig (drei hatten jedoch schon vor der Operation leichte Anzeichen eines gesteigerten Geschlechtstriebes erkennen lassen). Die Entgleisung des sexuellen Verhaltens ging bei den Kranken in Richtung von ungehemmtem Flirten, taktlosem Reden über geschlechtliche Dinge, demonstrativem Exhibitionismus und Promiskuität.

Kretschmer hat darauf hingewiesen, daß beispielsweise im Zwischenhirn die Stellen nah benachbart auf engem Raum zusammenliegen, von denen aus sowohl im Tierversuch als auch durch Entzündungsherde und basale Verletzungen beim Menschen Veränderungen in den triebhaften Haltungen, Reizzuständen, Hemmungen wie auch qualitative Abweichungen der Triebe hervorgerufen werden können. *Kretschmer* berichtete bekanntlich über Fälle sexueller Triebabweichung (Homosexualität und Pädophilie) nach durchgemachter Encephalitis. Auch nach schweren Schädelbasisbrüchen mit Auswirkung am Zwischenhirn kann man nach *Kretschmer* Perversionen und Enthemmungen an den Sexualtrieben beobachten. Es gibt nach ihm umschriebene Triebdefekte innerhalb einer sonst konsolidierten Persönlichkeit, die rein pathologisch durch hirnorganische Herdstörungen bedingt sind. *Kretschmer* weist darauf hin, daß auch an feine, erblich bedingte Mißbildungen bestimmter Hirnteile, Schädelbasisblutung unter der Geburt, oder bei Kinderkrankheiten an eine Begleitencephalitis, zu denken ist.

Unter den 95 von *Kinsey* und Mitarbeitern untersuchten Frontaloperierten zeigten die Frauen keine Veränderungen, die bei den Männern beobachteten waren nicht sicher von altersbedingten zu trennen.

Es hat immer wieder Untersucher verlockt und kann auch zunächst einleuchten, auf dem Wege der Schädigungen des Zentralnervensystems Aufschlüsse über das Sexualverhalten und dessen Störungen zu erhalten. Es darf daran erinnert werden, daß klinische Beobachtungen besonders bei Prozessen in der Nachbarschaft des Sexualzentrums im

Bereich des Hypothalamus Hinweise geben auf die Störbarkeit und die engen Wechselbeziehungen zwischen den hormonalen und nervösen Steuerungssystemen. Diese somatischen Forschungen sind noch im Fluß, neue Entdeckungen zwingen jeweils zur Revision älterer Vorstellungen. (Aus Zeitgründen muß ich mich auf diese allgemeinen Feststellungen beschränken.) Im Zusammenhang mit unserem Thema soll bei Berücksichtigung der Literatur und den Erfahrungen mit eigenen Fällen folgendes ausgeführt werden:

In Übereinstimmung mit anderen Untersuchern *(Faust, Lauber, Ebermayer)* ist daran festzuhalten, daß Stirnhirnverletzte — es waren etwa 62 % unserer Fälle stirnhirnverletzt — am häufigsten auch zu Sexualdelikten neigen. Es dürfte hier interessieren, daß Stirnhirnverletzungen bei einem großen Material in etwa 25 % der Fälle anzutreffen sind. Pädophile Handlungen waren in neun von 13 Fällen Stirnhirngeschädigten zur Last zu legen. Nur in einem unserer Fälle zeigte sich, daß eine Steigerung des Sexualtriebes — wir haben oben ausgeführt, daß eine gesteigerte Sexualität nur in einem verschwindend kleinen Prozentsatz vorkommt — zu diskutieren ist. Noch *Poppelreuter* vertrat gutachterlich im Jahre 1931 die Auffassung, daß es bei Stirnhirnverletzten zu einer geschlechtlichen Übererregbarkeit zu kommen scheine. Zitat: „Ob es sich dabei nur um den Fortfall von Hemmungen handelt oder ob, was mir wahrscheinlicher ist, spätere Forschung einmal spezifische Geschlechtsfunktionen des Stirnhirns aufdecken wird, bleibt dahingestellt." In dieser Diskussion stehen wir eigentlich heute noch.

Überhaupt wird man, und das sei hier nachdrücklich gesagt, allein mit der Erklärung einer somatischen Verursachung von Sexualdelikten, sei es hormonal und neutral, nicht auskommen. So betont auch *Bleuler*, daß sich Art, Richtung und Stärke des Geschlechtstriebes eines Menschen keineswegs allein aus hormonalen Verhältnissen ableiten lassen. Doch sind die hormonalen Verhältnisse zum Teil Grundlagen, zum Teil Beeinflussungsfaktoren psychischer Geschlechtlichkeit. *Bleuler* meint, daß die Psychosexualität sich gemeinsam mit der gesamten Persönlichkeit entwickelt, und daß viele körperliche Faktoren auf diese Entwicklung Einfluß nehmen können.

Die von uns mitgeteilten Fälle und die anderer Autoren zeigen weiter, daß alle wesentlichen Abnormitäten des Sexualverhaltens und auch der Delikte sich auf dem Hintergrund einer organisch-cerebralen Schädigung entwickeln können. Tatbestandsmäßig stehen wie bei Altersabbau homosexuelle und heterosexuelle Pädophilie, Exhibitionismus und homosexuelle Handlungen im Vordergrund. Eine Anzahl Forscher nahm an, daß durch die Hirnschädigung eventuelle sexualpathologische Veranlagungen freigelegt werden, bzw. eine schon vorher zum Asozialen neigende Persönlichkeit betroffen wurde. Diese Annahme wirkt zunächst bestechend und einfach. Ein Gegenbeweis ist naturgemäß schwer zu führen, wir glauben aber, daß man aufgrund unseres bisherigen Materials dafür noch keine genügenden Belege finden kann. Nur einmal war bei einem homosexuell straffällig gewordenen Patienten als primäre Wesensart eine Kontaktschwäche und Scheuheit angenommen worden. Auch ein berufliches und soziales Absinken nach Erleiden einer Hirnschädigung, also äußere soziale Gründe, spielen u. E. nicht die entscheidende Rolle für das Straffälligwerden im sexuellen Bereich.

Ganz allgemein läßt sich sagen, daß es sich bei den Sexualdelinquenten überwiegend um Stirnhirngeschädigte und damit um Patienten mit stärkeren Persönlichkeitsveränderungen handelte und auch um wesensgeänderte Hirngeschädigte anderer Verletzungslokalisationen. Auffällig ist das nur seltene Vorkommen aggressiver Sexualdelikte. Vielfach stellt das Sexualdelikt nicht die einzige bekanntgewordene Straftat dar. In zwanzig Fällen gaben wir eine gutachtliche Stellungnahme ab. Dreizehnmal bejahten wir das Vorliegen des § 51 Abs. 2, sechsmal § 51 Abs. 1 StGB. Einmal wurde ein Patient als voll zurechnungsfähig erkannt. Der § 42 b StGB kam fünfmal zur Anwendung, zweimal vorübergehend. In fast allen unseren Fällen mußte die Hirnschädigung mit der erheblichen Wesensveränderung als der hauptsächlichste Faktor für das Zustandekommen des Sexualdeliktes angesehen werden. Unsere Patienten zeigten deutliche Persönlichkeitsveränderungen und zwar Störungen des Antriebs, der Initiative, der Willensbildung, eine leichtere Enthemmbarkeit, einen Verlust ethischer Wertvorstellungen, einen Vitalitätsverlust und Mangel an Steuerungsfähigkeit. Es muß beachtet werden, daß der Bogen Reiz-Entscheidung-Handlung bei Hirnverletzten viel kürzer gespannt ist als bei Hirngesunden. Das gibt eine Erklärung für das situativ wohl leichtere Ansprechen und damit Straffälligwerden der Hirnverletzten im sexuellen Bereich. Zusätzlich konnten nur in einigen Fällen beginnender Altersabbau und Alkoholgenuß bei Begehung der Tat als eine Bedingung und als wegbereitend diskutiert werden. Bewußtseinseintrübungen durch Krampfanfälle oder epileptische Äquivalente lagen in keinem Fall vor. Wir sind aufgrund der vorhergehenden Erörterungen der Auffassung, daß die sexuellen Entgleisungen der Hirngeschädigten nur im Einzelfall auf eine krankhaft übersteigerte sexuelle Triebdynamik zu beziehen sind. Psychische Veränderungen vor allem im Antriebsverhalten und die leichtere Enthemmbarkeit wirken sich vielmehr auch indirekt im sexuellen Verhalten aus. Nicht ausgeschlossen ist, daß auch die Einschränkung der allgemeinen Interessen auf die Befriedigung einfacher Vitalbedürfnisse (die Konkretisierung) eine Rolle spielt. Zudem hat wie bei Hirngesunden eine gewisse Bedeutung, welchen Raum eine Persönlichkeit dem Triebgeschehen zugesteht. Sichere Beziehungen zwischen der Art des Sexualdeliktes und einer bestimmten Hirnlokalisation sind nicht gegeben.

Wir haben einige Fälle aufgeführt, bei denen ein abnormes sexuelles Verhaltensmuster bei hirngeschädigten Patienten auftrat und uns bekannt wurde. Sicher stehen diesen wenigen Fällen eine Vielzahl von Sexualdelinquenten gegenüber, bei denen eine zentralnervöse Störung auszuschließen ist. Aufgrund unserer Erfahrung bei hirngeschädigten Patienten halten wir weniger eine quantitative Änderung der Sexualität für entscheidend, sondern eher die allgemeinen Persönlichkeitsveränderungen, die indirekt auch das Sexualverhalten beeinflussen. Je näher eine Verletzung nun im Bereich des Stirnhirns liegt, um so auffälliger werden rein erscheinungsmäßig Ähnlichkeiten mit psychopathologisch bekannten Verhaltensweisen. Wir kennen insbesondere Stirnhirngeschädigte, die von außen her an haltlose, an explosive, an abgestumpfte, an unbeherrschte und an willensschwache abnorme Persönlichkeiten erinnern. Vielleicht bestehen hier gemeinsame Züge der Sexualdelinquenten überhaupt.

Literaturverzeichnis

Bay, E.: Die traumatischen Hirnschädigungen, Hb. Inn. Med. V/3

Bodechtel, G. u. Sack, H.: Diencephalon und Hirntrauma, Med. Klin. (1947), 133

Busemann, A.: Psychologische Untersuchungen an Hirnverletzten, Nervenarzt 18, 337 (1947)

Bleuler, M.: Endokrinologische Psychiatrie (Hormone u. Psychosexualität, S. 228—234) in Psychiatrie der Gegenwart Bd. I/1B

Dubitscher, F.: Die strafrechtliche Beurteilung Hirnverletzter, Bonner Hefte (Heft 5); Der Hirnverletzte im Strafrecht, S. 19 (1952)

Ebermaier, C.: Psychiatrische Probleme beim Hirnverletzten im Straf- und Zivilrecht. Mschr. f. Unfallheilk. S. 268—274 (1953)

Faust, C.: Die psychischen Störungen nach Hirntraumen in „Psychiatrie der Gegenwart". Bd. II, Klin. Psychiatrie (S. 616 bis 619)

Fleck, U.: Zu den sexuellen Störungen nach Hirnverletzungen. Dtsch. Med. Wschr. (1952) 77 Jg.

Freemann u. Watts: Zit. nach Lauber

Häfner, H.: Psychopathologie des Stirnhirns 1939 bis 1955. Fortschr. Neur. u. Psychiatr. 25 Jg. (1957) S. 206—252

Hoheisel, H. P.: Kriminalität bei Hirnverletzten unter Bezugnahme auf den Ort der Verletzung. Dtsch. Z. ges. gerichtl. Med. 43, 59 (1954)

Kaila, M.: Eine Methode zur Beurteilung der Kriminalität eines Forschungsmaterials. Nervenarzt 22, S. 338—341 (1951)

Kinsey, A. C. u. Mitarbeiter: The Sexual Behavior in the Human Female, Philadelphia u. London 1953

Kretschmer, E.: Der triebhafte Verbrecher u. seine Diagnostik. Arch. f. Psychiatr. u. Zschr. Neur. Bd. 191, S. 1—13 (1953)

Lauber, H.-L.: Sexuelle Enthemmung u. Exhibitionismus bei Frontalhirnverletzten. Arch. f. Psychiatr. u. Zschr. f. die ges. Neurologie Bd. 197, S. 293—306 (1958)

Levine u. Albert: Zit. nach Häfner und Lauber

Lindenberg, W.: Probleme der Behandlung hirnverletzter Rechtsbrecher. Bonner Hefte (Heft 5): Der Hirnverletzte im Strafrecht, S. 34 (1952)

Lüers, Th.: Über fronto-thalamische Syndrome bei der Pick'schen Krankheit. Dtsch. Z. Nervenkr. 164, 179 (1950)

De Medeiros u. Garcia: Zit. nach Häfner und Lauber

Menninger-Lerchental, E.: Sexualfunktionsstörungen nach Schädelhirntraumen. Wien. med. Wschr. 110, 20—25 (1960) Zbl. Neur. u. Psychiatr. Bd. 157 S. 157 (1960)

Meyer, J. E.: Die sexuellen Störungen der Hirnverletzten. Arch. Psychiatr. Nervenkr. 193, 449 (1955)

Petridge u. Kolb: Zit. nach Häfner

Porot: Die Kriminalität der Kopfverletzten. Ref. in Dtsch. Z. gerichtl. Medizin. 6, 693 (1926)

von Schumann, R. J.: Hirnverletzung u. Kriminalität Diss. Würzburg 1953 (zitiert bei Lauber S. 294)

Stier, E.: Kopftrauma u. Hirnstamm, Arch. Psychiatr. Nervenkr. 106, 351 (1937)

Triebdiagnostische Untersuchungen an jugendlichen und heranwachsenden strafgefangenen Sittlichkeitstätern

von *Hans-Georg Mey*, Herford

Sexualität und Kriminalität sind zwei Begriffe, die fast bei jedem Menschen ambivalente Gefühle auslösen. Selbst bei Wissenschaftlern ist der ambivalente Affekt im Rahmen dieser Themen mitunter noch zu spüren. Wer oft genug im Gerichtssaal tätig gewesen ist, wird bestätigen können, daß auch der Richter bei der Beurteilung von Sexualverbrechen oft mit der hier vorliegenden Gefühlsambivalenz belastet ist. Es ist daher auch nicht verwunderlich, daß sich die Stimme des Volkes zu diesen beiden Themen immer besonders häufig regt. *Lackner* hat auf der jüngsten Tagung der Deutschen Gesellschaft für Sexualforschung darauf hingewiesen, daß 1957 bei den Vorarbeiten zur Strafrechtsreform im Bundesjustizministerium besonders viele Eingaben zum Thema Sexualverbrechen eingegangen sind. Dabei zeigte sich die Tendenz, die Unzucht mit Kindern durch besonders harte Strafen zu bedrohen. Lackner konnte sehr leicht nachweisen, daß die Forderung nach drakonischen Strafen in gar keinem Verhältnis zu der wirklichen Problematik dieser Täterkreise steht; denn bei diesen Tätern handelt es sich ja meist um Täter aus innerer Schwäche. Gefährliche Aggressivität liegt hier relativ selten vor. Im übrigen war auch der Hinweis von *Lackner* interessant, daß die Kriminalitätsziffer bezüglich Unzucht mit Kindern zwar hoch ist, aber in den letzten Jahren relativ konstant geblieben sei. Lediglich eine Verschiebung innerhalb der Altersgruppen sei festzustellen, so daß sich der Schwerpunkt mehr und mehr von älteren auf jüngere Täter verlagere.

Diese Vorgänge zeigen deutlich, wie affektbeladen das Thema Sexualverbrechen ist. Die Affektbeladenheit ist leider einer nüchternen Abschätzung der kriminologischen Wirklichkeit abträglich. Gerade hier sollte man sich, wie das Ewert bereits gestern in einem Vortrag gesagt hat, von dem emotionalen Engagement freimachen. Für den Psychologen bedeutet das eine nüchterne und gründliche Erforschung des Phänomens Sexualverbrechen und weiterhin eine gründliche individuelle Diagnostik des Sexualtäters.

Zur Diagnostik des Sexualtäters bietet sich die Triebdiagnostik Szondis an. Es sollen hier Ergebnisse vorgetragen werden, die aus der

Anwendung dieses Verfahrens in den Jahren 1952 bis 1958 in einer niedersächsischen Jugendstrafanstalt gewonnen worden sind. Die Benutzung dieses Testverfahrens wurde von der Erwartung getragen, daß ein Triebtest bei der diagnostischen Erfassung der Persönlichkeit von straffälligen Jugendlichen und Heranwachsenden gute Dienste leisten könne. Ganz besondere Erwartungen richteten sich naturgemäß auf die Diagnostik des Sittlichkeitstäters, da der Test ja speziell als Triebtest firmierte.

Bereits ohne größere praktische Erfahrungen ließ sich nach dem Studium der Publikationen *Szondis* feststellen, daß es sich hier nicht um einen Triebtest im engeren Sinne handelt. Der Test basiert auf der besonderen Psychologie *Szondis,* die von einer sogen. Triebpsychologie ausgeht, jedoch auf ihre Weise die Persönlichkeit total zu erfassen sucht. Der Begriff des Triebes wird von Szondi erheblich erweitert und ganz original aufgefaßt, so daß man sich in eine völlig neue, im Begrifflichen nicht immer scharf abgrenzende Terminologie hineinarbeiten muß. Das dürfte auch im wesentlichen der Grund sein, warum eine Validierung dieses Verfahrens bisher nicht möglich war, wie *Hiltmann* das jüngst feststellt *(Hiltmann, H.,* Diagnostica 1962, S. 90).

Will man die Treffsicherheit der Triebdiagnostik Szondis bei Sexualtätern überprüfen, so muß man Szondis eigenes System der sexuellen Abartigkeiten beachten. Szondi spricht von Sexualpsychopathien und ordnet hier alle Perversionen ein. Er unterscheidet zwei Hauptgruppen. In der sog. polymorph-perversen Gruppe stehen Fetischismus, Masochismus, Sadismus und perverse Gewalttätigkeit sowie Exhibitionismus nebeneinander. Die zweite Hauptgruppe besteht nur aus den Homosexuellen, zu denen Walder auch die sogen. Pädophilen rechnet.

In der erwähnten niedersächsischen Jugendstrafanstalt konnten 39 typische Sittlichkeitstäter (26 Fälle von Notzucht, 12 Fälle von Unzucht mit Kindern und ein Fall von Sodomie) jeweils mit einer Serie von zehn Testprofilen untersucht werden. Bei *Szondi* gibt es für diese Sexualtäter keine spezielle Syndromatik. Lediglich ein allgemeiner Hinweis läßt einen diagnostischen Bezug zu Sexualtätern erkennen, nämlich daß „die polymorph-perverse Triebstruktur ... eine triebpsychologische Bedingung bei jeglicher Art von Sexualverbrecher" ist *(Szondi, L.,* Triebpathologie, S. 396). Diagnostischer Indikator für die polymorph-perverse Triebstruktur, die bei jedem Sexualtäter nach Szondi vorliegen soll, ist das sogen. perverse Lustsyndrom (s. *Szondi, L.,* Triebpathologie, S. 377).

Unter den 390 Profilen der von uns untersuchten 39 Sittlichkeitstäter war das sogen. perverse Lustsyndrom nur in einem einzigen Fall zu finden. Die These Szondis, daß die polymorph-perverse Triebstruktur die triebpsychologische Bedingung des Sexualtäters sei, läßt sich also bei der Untersuchung von jugendlichen und heranwachsenden männlichen Sittlichkeitstätern nicht halten.

In unserem Untersuchungsgut kamen 2 Fälle mit sexuell gefärbter Gewalttätigkeit vor. In diesen Fällen ließ sich die gesamte Syndromatik der Triebdiagnostik für Sadismus und perverse Gewalttätigkeit (Triebpathologie, S. 377) überprüfen. Zunächst die Fälle:

Der Fall M. ist ein fast 15jähriger Junge, der eine ihm nur flüchtig bekannte ältere Frau in das Haus seiner Eltern lockt. Er gebrauchte den Vorwand, daß die von der Frau zur Reparatur im Uhrmachergeschäft der Eltern abgegebene Uhr fertig sei. Unvermutet schlägt er dann die Frau mit einem Hammer nieder und tötet sie auf bestialische Weise, nachdem er wahllos mit Stricknadel, Schraubenzieher und Messer unzählige Stiche in Gesicht und Hals des Opfers geführt hat. Zunächst will er nur vorgehabt haben, die Frau bewußtlos zu schlagen, um mit ihr geschlechtlich verkehren zu können. Nach der Tötung hat er dann das Genitale der Frau betrachtet und betastet. Dieser krasse Sexualausbruch erfolgte nach musterhaftem Vorleben. Der ihn begutachtende Psychiater findet keinen Sadismus und motiviert die Tat mit einem ungewöhnlichen Pubertätskonflikt. Ein Jahr und sieben Monate nach der Tat wurde in der Strafanstalt dann der Szonditest aufgenommen.

Im Falle G. handelt es sich um den Bruder eines anderen Täters, der bereits eine Jugendstrafe von zehn Jahren in der Strafanstalt verbüßte, weil er nach Unzucht mit einem Kind (Mädchen) dieses angeblich aus Angst vor Entdeckung erwürgt hatte. Der jüngere Bruder G. beging ca. 1 Jahr nach der Tat seines älteren Bruders einen Mord und Notzuchtsversuch an einem 15jährigen Mädchen. Er selbst war zur Zeit der Tat auch erst 14 Jahre alt. Mit diesem Mädchen hatte er sich zunächst angefreundet. Sie muß auf ihn sehr stark erotisch gewirkt haben. Während eines Spazierganges kommt es in einer sexuell sehr gespannten Situation zu dem Angriff von G. auf das Mädchen. Er würgt das Mädchen bis zur Bewußtlosigkeit und versucht dann den Coitus, der jedoch infolge verfrühter Ejakulation scheitert.

Von der Syndromatik für Sadismus und perverse Gewalttätigkeit finden sich in den beiden Testserien überhaupt nicht das perverse Lustsyndrom, das Mörder-E ohne Ventil, das Mörder-E mit Ventil und eine der möglichen Triebformeln. Die für das Syndrom typischen Mitten finden sich im Falle M. = fünfmal, im Falle G. = zweimal. Die Triebklassen treffen die Syndromatik in beiden Fällen. Dabei ist jedoch zu bedenken, daß beide Fälle nach den neuen Einteilungsgesichtspunkten für die Triebklasse, wie sie in der zweiten Auflage der Triebdiagnostik geschildert werden, anders einzuordnen sind als bisher und danach nicht mehr den typischen Befund liefern. Mit Hilfe der Methode des Trieblinnäus sind beide Fälle nicht einzuordnen.

Nach den hier vorgelegten Ergebnissen erweist sich die Triebdiagnostik Szondis als ein wenig zuverlässiges Hilfsmittel bei der Erfassung junger Sittlichkeitstäter. Man kann sogar so weit gehen, und diesem Verfahren den typischen Charakter eines Triebtests absprechen. Das zeigt sich vor allen Dingen daran, daß hinreichend sichere Ergebnisse nicht mehr zu erzielen sind, wenn man die besondere Psychologie und besondere Terminologie Szondis verläßt. Aber auch der Vergleich mit anderen kriminellen Gruppen spricht gegen das Verfahren als Triebtest. In den Gruppenbefunden ähneln sich nämlich Sittlichkeitsverbrecher und Diebe sehr stark. Eine Differentialdiagnose zwischen beiden Gruppen ist kaum möglich. Man wird kaum annehmen können, daß demnach auch die triebhafte Grundlage ihres Handelns sehr ähnlich sein muß. Ähnliches läßt sich für das sogen. „Mörder-E" sagen. Es findet sich in größerer Häufigkeit bei den Dieben und den Sittlichkeitsverbrechern als bei den Mördern.

Bei den seinerzeit von uns durchgeführten Untersuchungen kam es wesentlich auf die Beantwortung der Frage nach der praktischen Verwendbarkeit des Testverfahrens von *Szondi* an. *Walder*, ein Schüler *Szondis*, behauptet nämlich, daß dieses Testverfahren so präzise sei, daß man es sogar als Fahndungsmittel verwenden könne. Dieser Auffassung widersprechen jedoch die von uns vorgelegten Untersuchungsergebnisse völlig. Ein solches Ergebnis wäre auch nach allgemeinen psychodiagnostischen Regeln nicht zu erwarten gewesen. Ein einziges Testverfahren wird niemals zu der Unterscheidung in der Lage sein, ob jemand eine bestimmte Handlung begangen hat oder nicht. Um typische Täterstrukturen herauszuarbeiten, benötigt man eine mehrschichtige Diagnose, die nur aus mehrdimensionaler Diagnostik entspringen kann.

Es mag daher an dieser Stelle gestattet sein, die untersuchten Fälle aus dem Ansatz mehrdimensionaler Diagnostik zu betrachten. Dabei fallen Dinge auf, die zunächst recht banal erscheinen.

Bei der Durchforschung der Unterlagen unter diesem Gesichtspunkt entstehen zwei Gruppen. Man findet zunächst den allseits bekannten Typ des Sittlichkeitstäters, der infolge Unterentwicklung, geistiger Primitivität, Kontaktschwäche und anderer Schwierigkeiten unfähig ist, überhaupt vernünftige Sexualbeziehungen anzuknüpfen. Sozusagen als Ausweg begeht er dann sehr häufig das Delikt der Unzucht mit Kindern. Als Beispiel folgender Fall:

N. ist ein junger Mann, der Ostern 1952 die Schule verlassen hat. Er wurde zu einem Zimmerermeister in die Lehre gegeben. Dort stellte sich jedoch sehr schnell heraus, daß er für eine Lehrausbildung völlig unbegabt war. Er blieb daher in dem Betrieb des Meisters als Hilfsarbeiter. Noch im gleichen Jahr stahl er einem Arbeitskameraden 20,— DM. Zwei Jahre später nahm er an einem 5jährigen Jungen unzüchtige Handlungen vor. Nach diesem Vorfall mußte er seinen Arbeitsbetrieb verlassen und hatte nunmehr andere Arbeitsstellen im Baugewerbe zusammen mit seinem Vater. Noch im gleichen Jahr wurde er abermals durch unzüchtige Handlungen an einem 5jährigen Knaben auffällig. Im darauffolgenden Jahr stahl er Geld und u. a. eine Fahrradlampe. Kurze Zeit später nahm er an einem 3jährigen Mädchen unzüchtige Handlungen vor. Wegen dieser Vorfälle wurde für ihn die Fürsorgeerziehung und die Begutachtung in einer jugendpsychiatrischen Klinik angeordnet. Dort stellte man bei N. einen Schwachsinn leichten bis mittleren Grades fest bei gleichzeitig gesteigertem sexuellen Interesse. Die strafrechtliche Verantwortlichkeit für seine Taten wurde bejaht. Daraufhin wurde die endgültige Fürsorgeerziehung beschlossen, die mit Vollendung des 19. Lebensjahres (1956) endete. N. kehrte nunmehr wieder in das Elternhaus zurück und arbeitete in einem Steinbruch. Im Juni kam es wieder zu unzüchtigen Handlungen zwischen N. und zwei Geschwistern, einem 4jährigen Mädchen und einem 3jährigen Knaben. Wegen dieser Taten erhielt N. nunmehr eine Jugendstrafe von unbestimmter Dauer.

Bei Einlieferung in die Jugendstrafanstalt wurde die Testserie mit dem Szonditest aufgenommen. Der Vollzugsleiter der Jugendstrafanstalt bezeichnete N. als einen unreifen Schwachsinnigen, der nach seiner ganzen Artung zu seinen Delikten prädisponiert sei. Der Vollzugsleiter zweifelt sogar daran, daß der Täter von seinem Treiben loskommt, weil er aus Erfahrungen kaum zu lernen vermag.

Dies dürfte ein geradezu klassischer Modellfall aus der Praxis für die erstgenannte Gruppe sein. Im Gegensatz zu dieser Gruppe stehen die Fälle, in denen Primitivität und Unreife innerhalb der Persönlichkeitsstruktur nicht ins Gewicht fallen. Bei diesen Fällen der zweiten Gruppe läßt sich jedoch beobachten, daß man hier fast immer einen Mangel an moralischer Prägung und eine völlig verfehlte Sexualerziehung antrifft. Auch hierfür einige Fälle:

St. ist ein normal gereifter, intellektuell intakter und körperlich sehr gut entwickelter junger Mann. Er ist wegen versuchter und vollendeter Notzucht in vier Fällen verurteilt. Auf einem Familienfest bei Verwandten versuchte er mit einem 13jährigen Mädchen gewaltsam geschlechtlich zu verkehren. Es blieb bei dem Versuch nur deshalb, weil im entscheidenden Stadium eine Störung durch andere Personen eintrat. Wenige Monate später erzwang er mit der neuen Hausgehilfin seiner Stiefmutter den Geschlechtsverkehr. Wiederum 1 Monat später lernte er ein 17jähriges Mädchen kennen. Beim Nachhauseweg versuchte er, den Geschlechtsverkehr durch Würgen des Mädchens zu erzwingen. Außerdem wies er dabei darauf hin, daß er eine Pistole mit sich führe. Es blieb jedoch wegen des Widerstandes des Mädchens beim Versuch. Schließlich hat er noch mit einem anderen 17jährigen Mädchen GV. gehabt, nachdem er sie vorher mit einem Seitengewehr bedroht hatte.

St. ist der Typ, der sich Mädchen gegenüber unwiderstehlich vorkommt, weil er ganz sicher reiche Erfolge auch auf legalem Wege hat. Bei ihm schien der Unterschied zwischen einem geduldeten Vorgehen bei der Erreichung des GV. und Gewaltsamkeit offensichtlich verwischt zu sein.

Vor seiner Verurteilung wegen Notzucht war er mit zwei Geldstrafen belegt worden. Sein Vater ist Schrotthändler. Die Ehe der Eltern wurde geschieden. Der Vater hat viel getrunken, seine Ehefrau geschlagen und ist viel unterwegs gewesen. St. hat die Volksschule bis zur 8. Klasse besucht, anschließend die Handelsschule. Beruflich war er teils Vertreter, teilweise auch Verwaltungslehrling. Nach der Scheidung der Eltern wurde er erzieherisch schwierig. Er verblieb beim Vater, der mit anderen Frauen zusammenlebte. Der Junge blieb dabei sehr selbständig, hatte ein eigenes Zimmer und durfte sich Freundinnen halten. Ein Jahr nach der Scheidung heiratete der Vater wieder, der den nunmehr sehr liederlichen Lebenswandel seines Sohnes nicht sonderlich beanstandenswert findet, da er selbst einen unausgeglichenen Lebenswandel führt. Offenbar war die Prägung im Sexualverhalten durch das schlechte Beispiel des Vaters wesentlich mitbestimmt.

A. hat gewaltsam Unzucht mit Kindern begangen und ist deshalb zu einer Jugendstrafe verurteilt worden. Er kommt aus sehr schlechten Verhältnissen. Verwahrlosungssymptome liegen vor. Die Ehe der Eltern ist geschieden. A. wechselte seinen Aufenthalt ständig zwischen Vater und Mutter. Beruflich hat er nie festen Fuß fassen können. Schließlich ist er zu seinem Vater gezogen, der mit einer Freundin zusammen lebte. Er muß hier mit der kleinen Tochter der Freundin des Vaters in einem Bett zusammen schlafen. Das lehnt er zunächst ab, jedoch zwingt man ihn förmlich dazu. Dabei ist bekannt, daß er schon früher wegen Unzucht mit Nachbarskindern aufgefallen ist. Nach geraumer Zeit kommt es daher auch zu Unzuchtshandlungen an dem Kind der Freundin des Vaters, mit dem er zusammen schlafen muß.

Der Vater ist Trinker. Seine Freundin steht in einem schlechten Ruf. Auch der Vater hat sich bereits an dem Kind der Freundin vergangen. Die negative moralisch-sexuelle Prägung ist hier ganz offensichtlich.

S. ist wegen versuchter Unzucht und versuchter Notzucht verurteilt. Er hat versucht, ein 12jähriges Mädchen, das in den Laden seines Lehrmeisters (Bäcker) kam, durch Versprechungen auf seine Kammer zu locken. Er wollte das Kind dort zu sexuellen Handlungen bewegen. Das Mädchen konnte ihm jedoch entkommen. Nachdem S. am nächsten Tage Alkohol genossen hatte, versucht er, durch Würgen ein Mädchen, das er gerade kennengelernt hatte, zum Geschlechtsverkehr zu nötigen.

Auch hier stellte sich in der Vorgeschichte heraus, daß der Vater Trinker war und bereits Vorstrafen hinter sich hatte. Die Mutter ist stark sehbehindert, fast blind. Der Junge hat eine sehr ungewöhnliche Entwicklung hinter sich. Bereits vor den geschilderten Taten hatte er wegen versuchter Unzucht Jugendarrest erhalten. Im übrigen ist er nach der Verbüßung der damaligen Strafe wegen versuchter Notzucht wieder rückfällig geworden.

Die hier geschilderten Fälle stellen an sich nichts Besonderes dar. Ich habe es gewagt, sie dennoch so breit auszuführen, weil mir daran liegt, darauf hinzuweisen, daß man dem Sexualverbrecher mit einer rein biologischen Betrachtungsweise niemals beikommen kann. Die Dynamik der Sexualität ist so komplex, daß ihre Erfassung und Beurteilung aus den verschiedensten Disziplinen heraus erfolgen muß. Der Psychologe wird dabei ein gewichtiges Wort mitzureden haben. Ebenso wichtig ist selbstverständlich die Mitwirkung des Arztes. Man denke dabei nur an die neuere Forschung über frühkindliche Hirnschädigungen, wobei man von der Annahme ausgeht, daß gerade diese Menschen zu triebhaft akzentuierten Delikten disponiert sind. Statistisch noch nicht abgesicherte Untersuchungen in einer anderen Jugendstrafanstalt zeigen allerdings, daß sich ein auffallender Zusammenhang zwischen frühkindlichen Hirnschädigungen und Sexualdelikten nicht zeigt.

Man kann also zusammenfassend feststellen, daß gerade in der Diagnostik der jugendlichen und heranwachsenden Sexualtäter eine isolierte Methodik unzureichend ist, sei sie nun rein triebpsychologisch durchgeführt mit Hilfe eines Triebtestes, sei sie rein medizinisch oder sei sie isoliert sozialpsychologisch. Wegen der Kompliziertheit des sexuellen Geschehens, wegen seiner Einbettung in soziale und auch in pädagogische Vorgänge ist es notwendig, die Persönlichkeit des jugendlichen und heranwachsenden Sexualtäters aus allen möglichen Aspekten heraus anzugehen und zu beurteilen. Daher ist es auch für den forensisch und klinisch tätigen Psychologen von elementarer Wichtigkeit, in den diagnostischen Fragen der Begutachtung von Sexualtätern Erfahrungen zu gewinnen. Solche Erfahrungen zu vermitteln, ist wohl eine der wesentlichsten Aufgaben dieser Tagung gewesen.

Erziehungsfehler als Ursachen von Sexualkriminalität

von *Otto Ewert*, Mainz

Der Fortschritt der psychologischen Wissenschaft wird gemeinhin in Schritten von 5 % und 1 % Signifikanz nachgemessen und wir müssen im vorhinein um Nachsicht und Toleranz bitten, wenn im folgenden weniger von Untersuchungen im strengen Sinne und mehr von den Erfahrungen einer jahrelangen Gutachtertätigkeit die Rede ist. Unsere Überlegungen haben vorwiegend mit der Prophylaxe von Sexualkriminalität zu tun, und zwar unter dem leitenden Gesichtspunkt, daß bestimmte Erziehungsstile die Auftretenswahrscheinlichkeit von Sexualkriminalität erhöhen, andere sie verringern. Das Problem einer Prophylaxe als Verhütung von Sexualkriminalität muß unter dem Gesichtspunkt von Auftretungswahrscheinlichkeiten gesehen werden. Verhütung kann nicht bedeuten, daß durch sozialtechnische Arrangements die Möglichkeit von Sexualkriminalität überhaupt ausscheidet. Selbst wenn eine solche radikale Verhütung, wie sie mitunter gefordert wird, möglich wäre, so würde das einen Kontrollapparat erfordern, der mehr Rechtsgüter verletzt als er schützt. Verhütung von Sexualkriminalität durch Erziehungsmaßnahmen sollte also nicht mehr, aber auch nicht weniger bedeuten als etwa in einem anderen Bereich Unfallverhütung durch Verkehrserziehung.

Es gibt in der Tat eine Reihe von Versuchen, durch mehr oder weniger gezielte „Öffentlichkeitsarbeit" breiten Kreisen ein Wissen um die Gefährdung von Kindern durch Sittlichkeitsverbrechen zu vermitteln. Angefangen von Fritz Langs Film „M", in dem ein Psychopath Kinder schändet und mordet, bis hin zu neueren Aufklärungsfilmen, in denen gut gekleidete „Onkel" Kinder mit Süßigkeiten vom Spielplatz weg und ins Verderben locken, reicht die Skala der Anschauungsmittel, und selbst in Kindergärten sind schon Broschüren mit Aufklärung und Warnung vor dem „bösen Mann" verteilt worden.

Daß die oft sensationell aufgemachten Darstellungen auf Tatsachen beruhen, daß sie tatsächlich Geschehenes zeigen und Dinge, die täglich geschehen können, ist nicht zu bestreiten. Dennoch muß gefragt werden, ob „Aufklärung" dieser Art zum gewünschten Ziel führt und durchgreifende Erfolge auch nur wahrscheinlich macht.

Es ist sehr aufschlußreich, einmal zu prüfen, wie in solcher „Aufklärungsarbeit" die Täterperson meist geschildert wird. Der Täter ist regelmäßig ein Unbekannter, er stammt auch nicht aus dem Milieu des Kindes, ist ein „feiner" Herr, der mit großzügigen Geschenken aufwartet usw. Obwohl es tatsächlich solche Fälle gibt, ist dieses im Zuge der „Aufklärungsarbeit" geprägte Sozialstereotyp des Sittlichkeitsverbrechers nicht unbedenklich. Es muß sehr nachdrücklich gefragt werden, ob es sich bei diesem Stereotyp nicht eher um eine Art von kollektiver Verdrängung und Affektverschiebung handelt. Kommt es doch einer nur zu gut verständlichen Entlastungstendenz entgegen, wenn Sittlichkeitsverbrecher in der Meinung der Öffentlichkeit unheimliche Fremdkörper der Gesellschaft sind.

Wie verwirrend, bedrohlich und beängstigend wäre es, wenn Sittlichkeitsverbrechen nicht in erster Linie von solchen Außenseitern der menschlichen Gesellschaft begangen würden, sondern von Menschen, die sich in nichts von der gewohnten Umwelt des Kindes unterscheiden. Wie schockierend wäre es, sich klarzumachen, daß die Mehrzahl der Sittlichkeitsverbrechen nicht von den stets zitierten Unbekannten begangen werden, sondern von Leuten aus dem gleichen Viertel, die man vom Sehen kennt, von Nachbarn, für die ein Kind Besorgungen macht, von Onkeln, die auf Besuch sind, von Untermietern, von Kollegen oder Gehilfen des Vaters, und — last not least — vom eigenen Vater bzw. Stiefvater selbst (nach *Saller*, 1956, wurden 1950 im Bundesgebiet von 9830 verurteilten Sittlichkeitsverbrechern 821, also 8,3 %, wegen Blutschande verurteilt).

Bei einer Durchsicht unseres Gutachtenmaterials kommen wir zu der Feststellung, daß die letzte Tätergruppe bei weitem, nämlich mit 75 % überwiegt. Bekannte, Verwandte und Hausgenossen kommen als Täter weit häufiger in Frage als der immer wieder apostrophierte „fremde Mann". Schon 1924 fand *Charlotte Meyer* (zit. nach *W. Stern*, 1926) aus dem Material des Berliner Jugendamtes, daß sich 54 % der Sittlichkeitsprozesse gegen Angehörige, Wohn- und Hausgenossen der Kinder richteten. *Näbel* (1952) untersuchte bei 1485 Sittlichkeitsverbrechen das Bekanntschaftsverhältnis von Täter und Opfer und stellte fest, daß nur 20 % der Täter Fremde waren. Bei 13 % handelt es sich um nahe Verwandte und Verschwägerte, 28 % sind Hausbewohner oder Nachbarn, 26 % sind gute oder entfernte Bekannte des Opfers. *Karpman* (1957) stellt an einer anderen Stichprobe fest, daß 72 % der Täter den Opfern bekannt waren (zit. nach *Groffmann*, 1962).

Aus diesen Feststellungen muß die Schlußfolgerung gezogen werden, daß die prophylaktisch gemeinte Aufklärungsarbeit nur einen

Ausschnitt aus dem Gesamtbereich der Jugendgefährdung durch Sittlichkeitsverbrechen berührt und ein gefährlich einseitiges, die tatsächlichen Verhältnisse „verfremdendes" Bild vom Sittlichkeitsverbrecher entwirft.

Aber nicht nur das Bild vom Täter, auch das Bild des Opfers ist häufig verzeichnet. Auch auf dem Gebiet der Sexualkriminalität spricht vieles für die Hypothese, daß Täter und Opfer in einem wechselseitigen Anziehungsverhältnis stehen. In der Praxis fallen immer wieder die zunächst dubiosen Aussagen von Mädchen auf, die von einem Täter mehrfach mißbraucht wurden und dann, teils aus Scham, teils aus Furcht vor behördlichen Erziehungsmaßnahmen zu verschleiern suchen, daß sie den Täter ohne äußeren Zwang und bei „passenden" Gelegenheiten aufsuchten.

Geisler (1959) stellt bei 25 % ihrer Stichproben eine Mitbeteiligung der betroffenen Kinder fest, „die in Bereitschaft und auch Anregung bestand" (l. c.). Ebenfalls nach *Geisler* stellte *Weiss* (1955) bei 53 % geschädigten Mädchen Dulden und Anregen sexueller Verstöße fest. *Duhm* (1962) kommt auf Grund eigener Erfahrungen zu der Feststellung, daß bei Kindern unter 10 Jahren eine Art Kumpanei mit dem Täter bestehen kann, während sich bei älteren Kindern öfter Anzeichen für eine echte Partnerschaft mit dem Täter finden.

Nach unsern Erfahrungen sind es selten Verspechungen, Süßigkeiten oder die Befriedigung einer drängenden Sexualität, die zu Unzuchtshandlungen verführen, sondern zu oft die sehr viel interessantere und für die Kinder aufregendere Tatsache, daß ein Tabu gelüftet wird. Aus der Psychologie der menschlichen Entwicklung wissen wir, daß schon die 4- bis 7jährigen ein mitunter lebhaftes Interesse für anatomische Geschlechtsunterschiede haben. Während das Interesse für andere Dinge der Umwelt von Eltern und Erziehern als erfreuliches Anzeichen geistiger Regsamkeit begrüßt wird, stößt die Exploration des eigenen Körpers und das Interesse für Geschlechtsunterschiede häufiger als man es bei einem angeblich psychologisierenden Zeitalter erwarten sollte, auf für das Kind unverständliche Verbote, Drohungen und Strafen. Daß die Tabuierung des Geschlechtlichen aufgehoben sei, trifft nicht allgemein zu. Weit häufiger ist eine völlige Intoleranz der Eltern anzutreffen, mit Kindern Fragen des Geschlechtslebens zu erörtern, die dann unvermittelt zumindest bei Jungen, oft aber auch bei Mädchen einem „Nichteinmischungsprinzip" weicht. Es ist immer wieder erstaunlich zu sehen, wie selbst sonst einsichtige Eltern im stolzen Gefühl, es in der Kindererziehung besonders gut gemacht zu haben, verkünden, daß ihr Kind noch ganz „unschuldig" sei und von Geschlechtlichem nie etwas gehört hätte. So versicherte uns ein Akademiker, sein 12jähriger Junge, der sich mit Homosexuellen eingelassen hatte, habe zur Bezeichnung seines Gliedes kein Wort (tatsächlich sprach der Junge immer von Harnblase, wenn er Penis meinte), denn über so etwas würde bei ihnen natürlich nicht gesprochen. Daß damit ein Ermöglichungsgrund für Sittlichkeitsverbrechen geschaffen wird, leuchtet ein. Nur zu oft war es nach unseren Beobachtungen nicht die Tüte Bonbons, die Schokolade, die paar Groschen, die als Anreiz wirkten, sondern letzten Endes die durch das (Nicht-) Erziehungsverhalten der Eltern geschaffene Anziehungskraft des Unbekannten, aufreizend Unheimlichen. Wie wir aus Fragebogen-Interviews mit Müttern erfuhren, läßt sich der im übrigen weit verbreitete autoritäre, nicht kooperative Erziehungsstil u. a. daran erkennen, daß die Mütter ein Gespräch über geschlechtliche Fragen mit Kindern vermeiden, oft sogar mit der Begründung, daß ein Eingehen auf entsprechende Kinderfragen die sittliche Entwicklung gefährde. Es kann daher nicht verwundern, wenn nur 26 % geschädigte Kinder unter 10 Jahren spontan den Eltern über ihre Erlebnisse berichteten (*Schilf*, 1952, zit. bei *Duhm*, 1962). Fast zum gleichen Prozentsatz kommt *Geisler* (1959) bei Kindern zwischen 4 und 16 Jahren, die obendrein feststellen konnte, daß die Kinder erleichtert waren, wenn sie nicht selbst den Eltern Einzelheiten über sexuelle Handlungen berichten mußten, sondern die Polizei (!) für eine Vorinformation gesorgt hatte.

Daß eine Aufklärungsarbeit mit dem Stereotyp des geschenkeverteilenden fremden „Onkels" ganz andere als die gewünschten Folgen haben kann, leuchtet auf diesem Hintergrund ein und wird durch die Erfahrung bestätigt. Ohne gleichzeitige geschlechtliche Erziehung ist „Aufklärung" mit den bekannten Stereotypen geeignet, passive Sexualkriminalität zu erhöhen. Die nicht befriedigte und in Grenzen völlig berechtigte Neugierde des Kindes schafft sich, wenn von der Erziehung her keine Kanäle angelegt werden, andere, schwer zu kontrollierende Bahnen. Hinzu kommt, daß ältere Kinder sich anerkannt und bestätigt fühlen, wenn sie von einem Erwachsenen in Dinge eingeführt werden, die man ihnen im Elternhaus streng verheimlicht. In verschiedenen Fällen haben wir feststellen können, daß Sittlichkeitsverbrecher mit Geschick solche unverarbeiteten Interessen und Strebungen auffangen konnten und so eine Art partnerschaftlicher Bindung herstellten, die es ihnen erlaubte, ohne jede Gewaltsamkeit über längere Zeit hinweg unerkannt tätig zu werden, ohne daß die Kinder völlig durchschauten, auf was sie sich letztlich einließen.

Nicht nur bei den Opfern von Sittlichkeitsverbrechen zeigen sich die Folgen einer unterlassenen geschlechtlichen Erziehung. Auch die Herausbildung bestimmter Tätertypen wird durch unklare und falsche

Vorstellungen über den Bereich des Sexuellen zumindest begünstigt. Die Tabuierung des Sexus setzt geradezu eine Prämie auf nicht altersgemäß gereifte, infantile Sexualstrukturen. Ein junger Mann kann schon deshalb als „anständig" gelten, weil er sich z. B. überhaupt nicht für Mädchen interessiert, immer nur für seinen Beruf arbeitet, nie verliebt war usw. Pathologische Varianten fallen dabei mitunter weder dem Betroffenen selbst noch seiner Umwelt auf, solange sie nicht im Verhalten manifest werden. Eine Entdämonisierung des Sittlichkeitsverbrechers, bei dem es sich häufig um unreife, infantile und auch hilflose Menschen handelt, erscheint uns als wichtiger Schritt auf dem Wege zu einer wirksamen Prophylaxe. Als Beispiel für viele ähnliche Fälle, die uns in unserer Begutachtungspraxis begegneten, sei hier ein junger Arbeiter erwähnt, der wegen adipöser Drüsenstörungen mehrfach in ärztlicher Betreuung war, ohne jemals auf seine sexuellen Probleme angesprochen zu werden. Eine Freundin hatte ihn wegen seiner Unfähigkeit verlassen und gelegentliche Besuche bei Dirnen führten nicht zum Erfolg. Späterhin wurde er auffällig, weil er die 5jährige Tochter seines Arbeitgebers zu läppischen Doktorspielen verleitete. In einem eingehenden Gespräch zeigte sich, daß für ihn jede Art von sexueller Betätigung mit dem Schleier des Ungehörigen und Verbotswidrigen umgeben war, wobei ihm unzüchtige Handlungen mit Kindern nur graduell schlimmer erschienen als andere, normale Formen der Geschlechtlichkeit. Daß es möglich und sogar wünschenswert wäre, ihm zu einer normalen geschlechtlichen Befriedigung zu verhelfen, war für ihn eine völlig neue Einsicht.

Läßt man einmal die in zahlreichen Fällen unzutreffende Vorstellung fallen, daß Sittlichkeitsverbrechen überwiegend auf eine ungehemmte, hypervitale Sexualstruktur zurückzuführen seien, so erscheint die Einrichtung von Beratungsstellen angezeigt. An die Stelle unreflektierter Verfemung sollte die Aufklärung über Behandlungsmöglichkeiten und -einrichtungen treten. Die in manchen Städten bereits bestehenden Eheberatungsstellen erscheinen am ehesten für einen solchen Versuch geeignet, zumal wenn die erste Kontaktnahme anonym, am besten telefonisch, erfolgen könnte.

Zusammenfassung

1. Sexualkriminalität ist durch Erziehung nicht im strengen Sinne zu verhüten, wohl aber kann die Auftretenswahrscheinlichkeit gesenkt werden.

2. Das in der Öffentlichkeitsarbeit häufig anzutreffende Arbeiten mit stereotypen Schreckbildern ist in sich nicht unbedenklich, der Erfolg fraglich.

3. Detaillierte Warnungen vor Sittlichkeitsverbrechen ohne gleichzeitige geschlechtliche Erziehung muß als eher schädlich angesehen werden, weil ungewollt eine abenteuerliche, fremdartig anziehende Atmosphäre geschaffen wird.

4. In der Mehrzahl der Fälle von Unzuchtsdelikten mit Kindern sind die Täter ohnehin nicht Fremde, sondern Menschen aus dem engeren oder weiteren Bekanntenkreis der Kinder.

5. Eine psychologische Täter-Opfer-Relation trifft für viele Fälle von Verbrechen an Kindern zu. Wichtigste Ursache ist die erziehlich nicht aufgefangene und verarbeitete, sondern in außerordentlich vielen Fällen absichtsvoll vernachlässigte kindliche Neugierde. Besonders nachteilige Folgen zeigen sich bei geistig zurückgebliebenen Kindern, die zwar körperlich altersgemäß gereift sind, deren seelischer Habitus aber überwiegend infantile Züge erkennen läßt.

Literaturverzeichnis

Duhm, E.:	Die Erstbekundungen jugendlicher Zeugen bei Sexualdelikten. In Blau, Müller-Luckmann: Gerichtliche Psychologie. Neuwied 1962
Geisler, E.:	Das sexuell mißbrauchte Kind. Göttingen 1959
Groffmann, K. J.:	Die psychischen Auswirkungen von Sittlichkeitsverbrechen bei jugendlichen Opfern. In Blau, Müller-Luckmann: Gerichtliche Psychologie. Neuwied 1962
Karpmann, B.:	The Sexual Offender and his Offenses. New York ²1957
Näbel, G.:	Über die Kriminalität der Kinderschändung im Landgerichtsbezirk Duisburg während der Jahre 1935 bis 1949. Diss. Bonn 1952
Saller, K.:	Zivilisation und Sexualität. Beitr. z. Sexualpädagogik H. 5, Stuttgart 1956
Stern, W.:	Jugendliche Zeugen in Sittlichkeitsprozessen, ihre Behandlung und psychologische Begutachtung. Leipzig 1926
Weiss, J., Rogers, E., Darwin, M. R. und Dutton, Ch. E.:	A study of girl sex victim. Psychiatr. Quart. 29, 1955

Sexuelle Entsagung als Ursache für nichtspezifische Straftaten

von *Heinz-Dietrich Stark*, Kassel

Sie haben in den beiden letzten Tagen viel über Sexualität und Sexualdelikte gehört, so daß dieses Thema ausgeschöpft zu sein scheint. Es wird daher um Verständnis gebeten, wenn dieses Thema noch weiter strapaziert, erweitert und auf Verhaltensweisen und Delikte ausgedehnt wird, die äußerlich betrachtet eigentlich nichts mit Sexualität zu tun haben.

Bei genauer Untersuchung zeigt sich jedoch, daß sich auch bei gewöhnlichen Straftaten gelegentlich die Wirksamkeit des Sexualtriebes nachweisen läßt. Zwar führt der Trieb nicht zu jenen scheußlichen Gewaltverbrechen, wie sie von Abels dargestellt wurden, sondern er wird in Bahnen gelenkt — ohne weniger intensiv zu sein — an deren Ende irgend ein Vergehen oder Verbrechen steht, das kaum eine entscheidende Beteiligung des Sexualtriebes erkennen läßt. Die Sexualität bricht hier nicht so massiv durch wie bei Notzuchtverbrechen, sondern sie wirkt hintergründiger, tritt subtiler und getarnter auf. Sie ist darum nicht weniger gefährlich, sondern sogar dämonischer, zumal der Täter ihre Wirksamkeit nicht erlebt und nicht durchschauen kann. Er weiß nicht, warum er eine nicht geplante und unsinnige Tat begangen hat.

Heißt das Rahmenthema der diesjährigen Tagung „Ätiologie und Prophylaxe der Sexualkriminalität", dann müssen zum Schluß auch jene Taten berücksichtigt werden, bei denen auf Grund eines raffinierten Arrangements die Sexualität als treibende Kraft unmittelbar nicht erkennbar ist. Es geht dabei nicht um die Entschuldbarkeit dieser Straftaten, sondern nur um die Entlarvung dieses mächtigen Triebes und damit gleichzeitig um den Hinweis einer notwendigen klärenden Prophylaxe.

Im April vor zwei Jahren wurde Hans-Jürgen auf Bewährung gem. § 26 StGB vorzeitig entlassen. Er war 22 Jahre alt und hatte eine zweijährige Gefängnisstrafe wegen viermaliger Autoberaubung zu verbüßen. Er war bereits vorbestraft. Von dieser Strafe wurden die letzten 6 Monate zur Bewährung ausgesetzt. Seine Führung in der Anstalt war gut. Aber mehr als die gute Führung sprach für eine vorzeitige Entlassung die Absicht, ihm einen Bewährungshelfer beizuordnen. Er lebte als Zonenflüchtling ohne Angehörige alleine in der Bundesrepublik. Die Voraussetzungen für ein geordnetes und gesetzmäßiges Leben schienen günstig zu sein.

Vom Anstaltspsychologen wurde er u. a. wie folgt beurteilt:

„Es handelt sich bei Hans-Jürgen um einen überdurchschnittlich begabten und sehr leistungsfähigen jungen Menschen, dessen jetzige Lage angesichts dieser Leistungen sehr überrascht... Persönlich macht er einen mehr in sich gekehrten, weichen und ruhigen Eindruck, bisweilen scheint er etwas ablehnend zu sein... Eine Selbstunterschätzung steht wahrscheinlich im Mittelpunkte seines ganzen kriminellen Problems."

In dem Bericht des Direktors einer Jugendstrafanstalt, in der er seine erste Strafe verbüßte, heißt es:

„Er ist ein ruhiger, gemütlicher Sachse, der recht angenehm zu haben ist. Er stammt aus ordentlichen Verhältnissen, ist aus der Ostzone geflohen, weil er nicht in die Volksarmee wollte. Die Schule hat er glatt durchlaufen, dann eine Schlosserlehre begonnen, war zuletzt aber als Hilfsarbeiter tätig. Seine Mutter lebt in Leipzig. Zu ihr hat er keinen Kontakt, wohl aber steht er mit seiner günstig zu beurteilenden Braut in Verbindung, die ein Kind von ihm hat und ihn regelmäßig in der Anstalt besucht."

Als vor zwei Jahren die Frage der vorzeitigen Entlassung akut wurde, hieß es in der Befürwortung:

„Im Laufe der Strafzeit hat Hans-Jürgen eine Nachreife erlebt und ist heute etwas selbstkritischer und nüchterner in der Beurteilung seiner Situation. Seine Braut ist inzwischen mit dem gemeinsamen Kind in die Ostzone zurück. Die Beziehungen zu der Braut sind noch vorhanden; es ist jedoch nicht abzusehen, wann eine Vereinigung erfolgen kann. Hans-Jürgen hat die Strafzeit genützt und beteiligt sich seit einigen Monaten mit Erfolg an einem Dreherlehrgang, so daß er nach seiner Entlassung als angelernter Dreher seinen Lebensunterhalt verdienen kann."

Es heißt dann weiter, daß die Strafzeit auf ihn einen wünschenswerten Eindruck hinterlassen hätte.

„Er scheint die richtige Konsequenz aus seiner Straffälligkeit gezogen zu haben. Sein Vorhaben, in Zukunft um ein korrektes und gesetzmäßiges Leben bemüht zu sein, muß als echt bezeichnet werden. Allerdings wird es ihm nicht sehr leicht fallen, da er hier im Westen völlig auf sich allein gestellt leben muß und wenig persönliche Unterstützung von Angehörigen und Freunden erfahren kann."

Die Frage nach der Prognose wurde positiv beantwortet, zumal er nach seiner Entlassung nicht nur eine Bewährungshelferin bekam, sondern außerdem auch noch einen Mann hatte, der bereits während der Strafzeit sich seiner besonders angenommen hatte. Es konnte gesagt werden, daß die Voraussetzungen für ein gesetzmäßiges Leben — sowohl von der Struktur des Gefangenen, als auch von den äußeren Gegebenheiten — optimal waren.

Dennoch wurde er nach kurzer Zeit wieder straffällig, obwohl er genau wußte, daß bei neuer Straftat auch der ausgesetzte Strafrest von sechs Monaten zu verbüßen sei.

Was war passiert, wie war das unerwartete und ziemlich schnelle Versagen möglich?

In seinem Urteil steht folgender Tatbestand:

„Am Abend des 13. 5. 62 suchte der Angeklagte zunächst verschiedene Gaststätten auf und trank in größerem Umfange Bier. Als er nach Mitternacht die Gastwirtschaft verließ, war er angetrunken, aber nicht betrunken. Er ging nicht zu seiner Wohnung, sondern fast in entgegengesetzter Richtung. Auf dem Grundstück, auf dem ein Lichtspieltheater liegt, wollte er angeblich austreten. Spätestens hier kam ihm der Gedanke, in das Lichtspieltheater einzubrechen. Mit Hilfe eines Holzklotzes, den er sich gesucht hatte, schlug er die Scheibe eines Notausganges ein, gelangte so in den Zuschauerraum des Kinos und von da durch eine unverschlossene Tür in den Vorraum, in dem der Kassenschalter liegt. Die Dunkelheit erschwerte ihm sein Bestreben, die Kasse aufzubrechen. Er ging deshalb zu seiner über 1 km entfernten Wohnung, holte sich eine Taschenlampe, kehrte in das Lichtspieltheater zurück, zerschlug nun die Glasscheibe zum Kassenschalter, stieg hinein, öffnete den Kartenschrank gewaltsam und nahm ihn mit. Unterwegs brach er ihn auf, entnahm ihm das Bargeld von DM 1,62 und einige Kinokarten und ließ ihn dann liegen. Noch auf der Straße wurde der Angeklagte von der Polizei festgenommen."

Soweit das Urteil. Er erhielt dafür 2 J. Gef. und den Widerruf der ausgesetzten 6 Monate.

Was war an diesem Tage geschehen, so daß es zu einer solchen unsinnigen strafbaren Handlung kommen konnte, durch die alle Erziehungsmaßnahmen zunichte wurden?

Nachdem Hans-Jürgen bereits verurteilt war und in die Anstalt zurückkam, schilderte er ungefähr folgende Begleitumstände der Tat.

Es war an einem Sonntag, er wartete auf seinem Zimmer auf den Bekannten, der ihn schon in der Anstalt betreut hatte. Dieser wollte bereits um 14 Uhr kommen und sagte, wenn er bis 14 Uhr 30 nicht erschienen wäre, brauchte er nicht länger zu warten, weil dann etwas anderes dazwischengekommen sei. Da H.-J. sich für den Nachmittag nichts Besonderes vorgenommen hatte, wartete er auch noch bis 15 Uhr in seinem Zimmer.

Gegen 18 Uhr kam der Bekannte doch noch, gab ihm DM 20,— und lud ihn in ein Café ein, in dem dieser nebenberuflich als Musiker tätig war. Er sprach mit H.-J. über die anwesenden weiblichen Gäste, die er mehr oder weniger gut kannte. Die Art und den Inhalt dieses Gespräches kann man sich ungefähr vorstellen. Anschließend ging der Bekannte zu seiner Freundin und ließ sich von H.-J. dorthin begleiten, der dann alleine auf sein Zimmer zurückkehrte.

Hier bekam er plötzlich Appetit auf Bier, ging in eine Wirtschaft, trank ca. 5 Bier, ging dann in eine andere Gaststätte, weil nach seinen Worten in der Wirtschaft „nichts los war". Er trank wieder vier Bier, kehrte in die erste Wirtschaft zurück und wechselte zum Schluß noch einmal in die zweite Wirtschaft.

Gegen Mitternacht ging er nach Hause, mußte unterwegs urinieren, ging auf einen Hof, trat dabei gegen eine Tür, deren Glas zersplitterte, öffnete dieselbe, fand sich in einem dunklen Raum und ging dann nach Hause. Hier nahm er seine Taschenlampe, ging wieder zurück und führte die Straftat aus.

Soweit sein Bericht.

Auffallend ist das Hin- und Herpendeln zwischen zwei Wirtschaften, bei dem nicht das Biertrinken als solches die primäre Triebkraft zu sein schien. Es hatte eher den Anschein eines Suchens, eines Appetenzverhaltens.

Leider steht in einer Anstalt nicht genügend Zeit zur Verfügung, um mit einer exakten analytischen Methode an die Motive heranzukommen. Daher muß oft provozierend und direkt der betreffende Komplex, der hinter dem Tatgeschehen vermutet wird, angesprochen werden.

Aus der Schilderung des Caféhausbesuches, in dem er sich mit dem Bekannten über die anwesenden Frauen unterhielt, und aus der Erkenntnis, daß Strafgefangene in diesem Alter oft ein starkes sexuelles Nachholbedürfnis haben, ist es durchaus möglich, daß in H.-J. durch die Unterhaltung über das andere Geschlecht eine sexuelle Spannung erzeugt wurde. Diese wurde bei der Begleitung zu der Freundin des anderen nicht gemindert, sondern eher noch verstärkt.

Ärger und Unlustgefühle durch das lange Warten bedingt, in Verbindung mit einer allmählich aufkommenden Spannung erzeugten in H.-J. eine triebhafte Unruhe.

Aus diesen Überlegungen heraus wurde H.-J. direkt angesprochen und ihm gesagt, daß nicht das Verlangen nach Bier primär bei ihm gewirkt hätte, sondern daß ein sexuelles Verlangen, eine sexuelle Spannung ihn erst auf den Gedanken gebracht hätte, Bier zu trinken, bzw. in eine Wirtschaft zu gehen. Diese Vermutung wurde im weiteren Gespräch von ihm bestätigt. Dennoch bedurfte es eines Beweises, daß dem wirklich so war und er keine Gefälligkeitsantwort gegeben hatte. Auf die Frage, warum er gerade in jenes Lokal gegangen sei, antwortete er, daß eben dort solche Frauen seien.

In keinem Lokal kam es jedoch zu einer Bekanntschaft und Anfreundung. In beiden Wirtschaften wurde getanzt. Er selbst forderte jedoch keine Frau auf, weil er, wie er resignierend eingestand, nicht tanzen könne. Hinzu kommt bei ihm wie bei vielen entlassenen Strafgefangenen die fast paranoide Vorstellung, die Umwelt würde ihnen ihre Vergangenheit anmerken, so daß sie dadurch im Kontakt zusätzlich gehemmt sind. Wenn der Tagesablauf jetzt hinsichlich der tiefenpsychologischen Wirksamkeiten noch einmal rekapituliert wird, dann ergibt sich folgendes Bild: Der erste negative Affekt in Form von Ärger und Enttäuschung wurde durch das lange Warten auf den Bekannten gesetzt. Dann trat durch das Gespräch im Café und die Begleitung zu dessen Freundin eine allmähliche Sexualisierung ein, die ihren Kulminationspunkt in der Gaststätte erreichte, ohne daß es dabei zu einer Neutralisierung oder Erfüllung seiner Wünsche kam. Beim Wechsel zwischen beiden Lokalen und beim Anblick der tanzenden Paare wurde die sexuelle Spannung immer mächtiger. Alkoholisiert, sexualisiert und frustriert machte er sich dann auf den Heimweg.

Bis zu diesem Augenblick dachte er noch nicht an einen Einbruch, zumal er es nicht nötig hatte. Er besaß noch Geld, hatte eine zusagende Arbeit und ein bezahltes möbliertes Zimmer. Seine Gedanken kreisten zu dieser Zeit noch um ein ganz anderes Thema, nämlich um das versagte sexuelle Erlebnis, das er sich erhofft hatte, und um die durch die Nichterfüllung eingetretene ärgerliche Spannung.

Er empfand Unlustgefühle in der Art von Ärger, Wut, Enttäuschung, vielleicht auch in der Art von Verbitterung und Resignation. Von diesen negativen Affekten mußte er sich irgendwie befreien. Indem er beim Urinieren eine Glasscheibe einschlug, reagierte er sich gleichsam ab und machte sich dadurch Luft.

Bis zum Klirren des Glases war die Verlaufsform der Handlung durch das empfundene Mißerlebnis seiner sexuellen Versagung bestimmt. Kreisten bis zu diesem Augenblick seine Vorstellungen noch um die Befriedigung sexueller Wünsche, so waren sie jetzt durch das Zersplittern des Glases wie abreagiert, als hätten sie nie bestanden. In diesem Augenblick nach der aggressiven Tat kippten die sexuellen Vorstellungen in frühere kriminelle Vorstellungen in der Art um: wenn schon die Tür zertrümmert ist, dann kann auch nachgesehen werden, ob etwas zu holen ist. Vielleicht spielte unbewußt auch noch mit, daß er sich für den enttäuschenden Abend irgendwie schadlos halten wollte.

Dieses ganze innerseelische Geschehen verläuft dermaßen traumhaft, schnell und irreal, daß eine präzise Erhellung kaum möglich ist, zumal dem Täter selbst die Einsicht in seine Handlungsweise fehlt.

Sicherlich kann nun gesagt werden, daß die Interpretation retrospektiv wunderbar zurechtgelegt wurde. Ob es sich aber wirklich so verhält, bleibt offen, da für den Täter, wie später noch gezeigt wird, die dynamischen Zusammenhänge nicht erkennbar sind. Um jedoch ein eventuelles ungutes Gefühl hinsichtlich einer raffinierten Interpretationstechnik auszuräumen, werden noch zwei weitere Fälle kurz erwähnt, die ähnlich liegen. Im Anschluß daran wird dann näher auf die tiefenseelischen Vorgänge bei solchem Verhalten eingegangen.

Ein junger Mann wurde zu einer Tanzveranstaltung (Party) eingeladen. Sie waren insgesamt nur drei Pärchen. Der Gastgeber, Gerhard und sein Bruder. Gerhard bekam eine Tanzpartnerin zugewiesen, da er selbst keine mitbringen konnte. Diese Partnerin sagte ihm jedoch nicht besonders zu, auch hatte sie selbst keine große Lust an dieser etwas intimen Party und ging deshalb bald nach Hause. G. interessierte sich statt dessen für die Partnerin seines Bruders, die ihm gegenüber nicht abgeneigt zu sein schien, über die jedoch sein Bruder eifersüchtig wachte. So konnte er kaum mit ihr tanzen und sich nicht mit ihr verabreden. Da G. selbst spürte, daß seine Chancen für ein Erlebnis an diesem Abend nicht groß waren, ging er enttäuscht fort und wollte noch etwas Alkohol trinken. Auf dem Wege nach einer Wirtschaft kam er an einem Buchladen vorbei, in dessen Glastür billige Romanhefte mit den üblichen sentimentalen und sexuell-aufreizenden Bildern hingen. Er blieb stehen, besah sich kurz die Hefte, schlug dann mit dem Fuß die Glastür ein und ging weiter. Er trank anschließend in einer Wirtschaft ein paar Glas Bier. Auf dem Heimweg kam er wieder an dem Laden vorbei, sah das Loch in der Tür und stieg ein[1].

Und noch ein letztes Beispiel: Ein junger Mann, der kurz zuvor seinen Militärdienst beendet hatte, war am Abend mit seiner Verlobten zusammen. Es war der erste Abend. Seine Eltern hatten ein Lebensmittelgeschäft. Beide halfen nach Feierabend im Geschäft noch beim Aufräumen und fuhren dann mit seinem Wagen fort, um außerhalb zu essen.

Mit seinen zukünftigen Schwiegereltern kam er nicht zurecht, da seine Verlobte sehr streng gehalten wurde. Auch litt er darunter, daß er selbst nicht recht akzeptiert wurde. So sah ihre Mutter es nicht gerne, wenn er abends mit ihrer Tochter zusammen war. Meistens wartete sie abends, bis die Tochter heim kam, um dann mit ihr laut zu schelten.

Seine Verlobte war ein Jahr älter, eine kleine resolute Person, die wußte, was sie wollte, sich auch der Mutter gegenüber behauptete, wodurch die Auftritte nur noch unerfreulicher wurden. Sie besaß außerdem viel Charme. Er selbst schien ihr gegenüber in seiner Entwicklung noch etwas retardiert zu sein, wirkte gehemmt, unbeholfen und stotterte, wenn er in Erregung kam. Zwischen beiden war es

[1] Der sexuelle Symbolcharakter, der in dem Einsteigen durch ein Loch liegt, soll nur am Rande erwähnt werden.

bereits zu Intimitäten gekommen. Das Verlöbnis wurde während der Haftzeit auf Betreiben der Verlobten gelöst.

An diesem Abend waren sie nun wieder nach längerer Zeit zusammen. Es war das erste Beisammensein seit seiner Entlassung von der Bundeswehr. Nach dem Essen fuhren sie zum Tanzen. Aber irgendwie war es an diesem Abend anders als sonst. Er konnte es selbst nicht erklären. Nicht nur, daß sie sich ihm versagte, sondern daß ihre Zuneigung auch nicht mehr so zärtlich war wie früher. Es war, wie er sagte, „ein verkorkster Abend". Er brachte sie bald heim, weil sie am nächsten Morgen wieder an die Arbeit mußte. Beide wurden von ihrer Mutter, die gewartet hatte, mit Vorwürfen und erregten Zurechtweisungen empfangen. Anstatt heimzufahren, fuhr er wahllos durch die Stadt. Er hielt vor einem erleuchteten Konsumgeschäft, stieg durch ein Oberlichtfenster ein und stahl wahllos, was er fand: von 20 Dosen Haarspray über Genußmittel bis zum Nylonhemd und Tischdecken. Befragt nach dem Motiv seiner Handlung sagte er, daß er sich über die Konsumgeschäfte geärgert hätte, weil diese für die Eltern eine große Konkurrenz wären. Dieses Argument traf sicherlich zu und mag auch ein Grund gewesen sein. Dennoch war dieser Grund nicht der entscheidende Auslöser, denn er hatte ja schon des öfteren vor solchen Läden gestanden. Er fuhr dann weiter, kam an einer Tankstelle vorbei, schlug hier eine Scheibe ein und entwendete für ihn überflüssige Gegenstände. Alle gestohlenen Sachen hatte er im Kofferraum verstaut. Dann fuhr er weiter durch die Stadt bis zum Morgen, um dann seine Verlobte abzuholen, die er an ihre Arbeitsstelle brachte.

Anschließend fuhr er heim, legte sich ins Bett und wurde verhaftet. Das Diebesgut befand sich noch im Kofferraum.

Was ging in den drei jungen Menschen vor? Alle waren zwischen 20 und 23 Jahren alt. Wie sind tiefenpsychologisch solche sinnlosen Taten zu erklären, ohne dieselben dabei entschuldigen zu wollen?

Um diese Frage nicht nur mit der allgemeinen Aussage zu beantworten, sie hätten sich abreagiert, sie hätten ihrem Ärger Luft gemacht, ist es notwendig, einige tiefenseelische Vorgänge zu klären.

Unter *Lewin*[2] wurde in den zwanziger Jahren die Wirksamkeit unerledigter Handlungen untersucht. Die Vpn. bekamen Aufgaben, die vom Vl. vor Beendigung unterbrochen wurden. Bei dem Versuch, eine Aufgabe zu lösen, stand die Vp. unter einer Spannung, die vorerst nicht näher analysiert wurde. Bei der Unterbrechung blieb das angeregte Spannungssystem erhalten. *Ovsiankina* stellte in ihren Untersuchungen fest, daß die für die Befriedigung des Spannungssystems notwendigen Handlungen nicht nur als Erinnerungen ins Bewußtsein

[2] *Lewin, K.:* Vorsatz, Wille und Bedürfnis, Berlin 1926.

traten, sondern daß diese Spannung auch zu einer Wiederaufnahme der unterbrochenen Tätigkeit trieb[3].

Außerdem wurden von *Ovsiankina* Verhaltensweisen beobachtet, die offenbar die versagte Wiederaufnahme mehr oder minder glücklich ersetzen sollten. Bedeutsam ist bei den damaligen Untersuchungen für die Kriminologie und dieses Thema das gelegentliche Umkippen in Aggressivität. So gaben sich einzelne Vpn. erst zufrieden, wenn sie die nicht gelöste Aufgabe, das nicht beendete Werk zerstört hatten.

Hier muß gerade auf die letzte Wendung, die Ersatzcharakter trägt, hingewiesen werden, bei der eine Neigung, die sich ursprünglich mit lustvoller Hingabe einer Aufgabe zuwendet, um sie zu lösen, sich verwandelt und in aggressives Verhalten umkippt. Ähnliches führte gestern Nass aus, indem Impulse von einem Triebzentrum auf ein Aggressionszentrum überspringen. Eine Aufgabe, die nicht erledigt werden konnte, unterschied sich durch die bestehend bleibende Spannung wesentlich von den erledigten Handlungen, bei denen das Spannungssystem neutralisiert wurde.

Untersuchte *Ovsiankina* hauptsächlich dieWirksamkeit unterbrochener Handlungen, so stellte *Tamara Dembo* in ihrer Arbeit „Der Ärger als dynamisches Problem" die Vpn. vor Problemsituationen, die überhaupt unlösbar waren[4]. Die Vpn. gerieten dabei in eine Zwangslage, in der die Vpn. mit den verschiedensten Verhaltensweisen reagierten, und zwar vom verlegenen Sich-Schämen bis zu aggressiven Angriffen, so daß nach längerem angestrengten Probieren die Zielappetenz ebenfalls wieder in Aggression umkippte. Es kam dabei zu irrealen Lösungsversuchen und Ersatzhandlungen, durch die aber keine befriedigende Spannungslösung gewonnen wurde. Ins alltägliche Leben übersetzt heißt das, man gibt sich zufrieden mit relativ mühelos zu erlangenden Surrogatzielen, die jedoch die vorhandene Spannung nicht zum Verschwinden bringt.

Aus den Experimenten der *Lewin*'schen Schule, die für kriminelles Verhalten aufschlußreich sind, ergab sich, daß Bedürfnisse und Aufgaben Spannungssysteme sind, die weiterbestehen, wenn ihnen die adaequate Lösung versagt bleibt. Statt sinngemäßer Lösungen treten oft Ersatzbefriedigungen irrealer Natur auf. Es wurde weiter festgestellt, daß begehrendes Hinstreben in vernichtende Aggression umschlagen kann, daß dabei die affektive Einstellung zu dem Inhalt des Spannungssystems gegenüber anderen Objekten zum Ausbruch kommen

---

[3] *Ovsiankina, M.:* Die Wiederaufnahme unterbrochener Handlungen, Ps. Forschung XI/1928.

[4] *T. Dembo:* Der Ärger als dynamisches Problem, Ps. Forschung XV/1931.

kann (z. B. das Einschlagen von Fensterscheiben). Emotionale Verhaltensweisen können durch indifferente Anlässe ausgelöst werden, wenn diese früher einmal mit spezifischen Anlässen gekoppelt waren. Und was das Entscheidende gerade für den straffällig gewordenen Menschen ist, daß nämlich diese dynamischen Zusammenhänge dem Menschen nicht einsichtig zu sein brauchen.

Um nun aber die sexuelle Entsagung, im Sinne von Lewin die unterbrochene Handlung, die gestörte Verlaufsgestalt als Ursache für nichtspezifische Handlungen tiefenpsychologisch zu klären, ist es weiter notwendig, noch etwas über das Trieb- und Affektgeschehen zu sagen.

Bei *Freud* stammt der Trieb aus Reizquellen im Körperinnern und wirkt wie eine konstante Kraft, der sich die Person nicht durch Flucht entziehen kann.

Diesen Ansatz greift *Heiss* auf und definiert den Trieb als „psychische Dranggestalt". Der Trieb ist seiner dynamischen Beschaffenheit nach ein Dranggeschehen[5]. Ist das Ziel dieser psychischen Kraft nach *Freud* Lustgewinn, dann ist der Prototyp und die mächtigste Form der Lust die Sexuallust in ihren verschiedenen Variationen. Wie immer nun dieses triebhafte Geschehen sich konstituiert, sei es unmittelbar als ein zur motorischen Handlung drängender Reiz, sei es als dunkler Drang oder als bewußtes Bedürfnis, immer wird eine Dynamik in Gang gesetzt. Sie mobilisiert bisweilen ganz direkt, bisweilen auf Umweg über andere Zwischenfunktionen das Individuum. Kommt ein triebhaftes Geschehen in Gang, dann wird das Lebewesen von einem Drang erfaßt, der übermächtig werden kann. Das Individuum steht dann unter seinem Druck, der gleichsam nach einem Ventil sucht[6].

Nach *Heiss* ist die einfachste Form einer Entladung gegeben, wenn der mit dem Trieb gegebene Impetus schlagartig ein Verhalten auslöst. Ist dies nicht der Fall, dann setzt der triebhafte Impetus den psychischen Apparat in Tätigkeit und mobilisiert alle sensorischen Funktionen, d. h. die Stimmung ändert sich und stellt sich auf neue Reize ein. Die Triebdynamik schafft eine Gesamtspannung psychischer und physischer Art und wächst in dem Maße, als der triebhafte Drang nicht zu seinem Ziele oder wenigstens zu einem Ersatzziele kommt. Der dranghafte Impetus wird dabei zu einem Zwangsantrieb, der in seiner extremen Form alles beiseite schiebt. Diese Spannung bleibt bis zur Sättigung oder Befriedigung bestehen, und damit endet dann die Triebdynamik. „Der dranghafte Impetus läßt nach und bricht in sich zusammen"[7].

---

[5] *R. Heiss:* Allgemeine Tiefenpsychologie, Bern-Stuttgart 1956, S. 227 ff.

[6] *R. Heiss:* a. a. O. S. 256 ff.

[7] *R. Heiss* a. a. O. S. 257.

Wurde der Trieb als angeborener Mechanismus gesehen, der aus Reizquellen im Körperinnern stammt, dann ist der Affekt für Heiss Träger und Wegbereiter des Reizes von der Außenwelt. Trieb und Affekt sind eng miteinander verbunden und treten nie alleine auf. Jeder als psychische Kraft auftretende Trieb setzt die affektive Sphäre in Gang wie umgekehrt der Affekt als psychischer Vorgang den Triebmechanismus aktivieren kann. Dieser Zusammenhang von triebhaften und affektiven Faktoren ist Grundlage jeder psychischen Dynamik[8]. Wirkt ein Außenreiz, der z. B. erfreut oder verärgert, und wird dabei die Erregung stark genug, dann bewirkt sie eine Umstimmung. Es tritt ein triebhaftes Geschehen auf, das in Angriff umkippen kann.

Um diesen innerseelischen Spannungen Herr zu werden, hat das Ich mehrere Abwehrmechanismen entwickelt, durch die das Ich sich gegen die innere Antriebsdynamik behauptet. Zu diesen tiefenseelischen Abwehrfunktionen gehören die Frustration, die Verdrängung und die Kompensation. Für die Kriminologie sind unmittelbar nur die Frustration und die Kompensation bedeutsam.

Frustration kennzeichnet ein Geschehen, in dem ein dynamischer Antrieb nicht zum Ziel kommt, sondern infolge einer Hemmung abgewehrt und seiner entsagt wird. Frustration ist nach *Heiss* eine Bändigung eines triebhaft-affektiven Geschehens durch Entsagung. Die Energie für solche Abwehr liegt im Affekt der Angst[9].

Gegenüber der Frustration führt die Kompensation die im Konflikt entwickelte Energie nicht zur Entsagung und Einengung, sondern zur Erweiterung. Die aus einem Konflikt resultierende Energie geht bei einer Kompensation in Richtung einer Erweiterung der Persönlichkeit und des Ichs, bei der das Ich neue Möglichkeiten und Fähigkeiten entwickeln kann. Zugrunde liegt der Kompensation in einer Konfliktsituation immer ein Mangelerlebnis und bewirkt nach Adler ein Minderwertigkeitsgefühl. Die kompensatorische Funktion unterscheidet sich als Abwehrmechanismus von der Frustration dadurch, daß bei ihr die im Konflikt erzeugte Energie nicht lähmend und sperrend, sondern impulsartig wirkt[10]. Auf das empfundene Mangelerlebnis, das *Adler* als Minderwertigkeitsgefühl bezeichnet, antwortet die kompensatorische Ausgleichsfunktion. Diese hat aber im Sinne Adlers immer eine positive Richtung. Ein auf irgendeinem Gebiet empfundener Mangel wird durch verstärkte Ausbildung eines anderen Gebietes ausgeglichen. So z. B. geringere Intelligenz durch besondere Aktivität und Fleiß.

---

[8] *R. Heiss* a. a. O. S. 260.
[9] *R. Heiss* a. a. O. S. 309.
[10] *R. Heiss* a. a. O. S. 320.

Aber auch kriminelle Handlungen entstehen meistens aus Mangelerlebnissen. Nur werden diese dann nicht nach der positiven Seite hin kompensiert, sondern der Ausgleich wird auf illegalem Wege versucht, um sich einzelne Wünsche zu erfüllen. Was wegen fehlender Geduld, Ausdauer, Bescheidenheit und evtl. auch fehlender Intelligenz legal nicht erreicht werden kann, wird durch aggressives Verhalten ersetzt.

Die Ergebnisse der *Lewin*schen Schule in Verbindung mit der Trieb- und Affekttheorie von Heiss bieten eine Klärung für die sinnlosen Straftaten an. Bei den drei Tätern war im Sinne von *Heiss* ein Triebgeschehen in Gang gesetzt worden, das nicht in adaequater Weise gelöst werden konnte. Im ersten Beispiel kam es zu einer allmählichen sexuellen Aufladung, die im Café ihren Anfang nahm, aber bereits durch das ungeduldige Warten und durch die damit erlebten — zwar später wieder abgebauten — Enttäuschungen auf einen günstigen Boden der vorbereiteten Affektstruktur fiel. Diese Aufladung steigerte sich dann bis zu dem Wunsch nach einem Sexualpartner.

Im Sinne von *Ovsiankina* und *Dembo* kann hier von einer unterbrochenen Handlungsfolge, bzw. von einer unlösbaren Problemsituation gesprochen werden, deren Triebdynamik nach einer Lösung dieser aufgespeicherten Spannung drang. Die drei Täter wurden mit ihrer Entsagungssituation nicht fertig, sie konnten sie nicht adaequat bewältigen, konnten sie auch nicht im Sinne von *Adler* positiv kompensieren, sondern reagierten sie negativ ab, indem die ganze Triebdynamik in ihrer Richtung umkippte und sich in Form von Aggressionen entlud. In allen drei Fällen wurden Scheiben eingeschlagen. Bis zu diesem Augenblick wurden die Taten von unbewußten Drangerlebnissen gesteuert. Erst nach dem Einschlagen kam die kriminelle Intensität zum Durchbruch, indem die Täter sich zum Diebstahl entschlossen. *Kronfeld* weist in seiner Sexualpsychopathologie darauf hin, daß bei einer abnorm gesteigerten geschlechtlichen Erregbarkeit und Triebstärke hemmungslose Naturen zu einem Mitschwingen verwandter und gleichgerichteter Aggressionsinstinkte und -affekte nichtsexueller Art im Moment geschlechtlicher Erregung im erhöhten Maße neigen[11].

Zum Abschluß dieser theoretischen Ausführungen darf auf ein ähnliches Phänomen hingewiesen werden. Der englische Verhaltensforscher *Tinbergen* beschreibt in seiner Instinktlehre ebenfalls Kippreaktionen, die er als Übersprunghandlungen bezeichnet. *Tinbergen* meint damit, daß Tiere unter bestimmten Umständen Bewegungen zeigen, die dem gerade ausgelösten Instinktverhalten offensichtlich

[11] *A. Kronfeld:* Sexualpsychopathologie, Leipzig 1923, S. 47.

nicht angehören. So können z. B. Silbermöwen im ernstesten Kampf plötzlich Nistmaterial abrupfen.

Für diese Thematik ist wichtig, daß es bei überstarker Erregung mit sexueller Färbung zu Übersprunghandlungen kommt. Dies ist deswegen möglich, weil nach *Tinbergen* die überstarke Erregung sich auf dem üblichen Wege nicht entladen kann, „sei es erstens, wenn zwei aktivierte Triebe miteinander im Wettstreit liegen, oder zweitens, wenn bei sehr starkem Trieb (zumeist dem geschlechtlichen) die Außensituation nicht hinreicht, um die Endhandlung auszulösen, um so die volle Triebstärke aufzubrauchen"[12]. So kann z. B. das stark erregte Stichlingsmännchen nicht begatten, solange ihm das Weibchen die Signalreize vorenthält, die diesen Akt auslösen sollen. Das Erscheinen des Weibchens erregt ihn jedoch aufs äußerste. Das Männchen wird aber seinen Samen nicht los, ehe das Weibchen im Nest abgelaicht hat. Bleibt es ihm aber die Antwort auf seinen Zickzacktanz schuldig, so geht das Männchen zum Nestfächeln über, und zwar mit größter Stärke und ungewöhnlich lange.

Auch beim Menschen können Übersprungshandlungen auftreten, wie z. B. das Anzünden einer Zigarette, das Sich-hinter-dem-Ohr-Kratzen u. a. Verlegenheitshandlungen. Es handelt sich dabei fast immer um Erregungen, die der Mensch auf autochthonem Wege gerade nicht loswerden kann.

Wenn sexuelle Entsagungssituationen zu strafbaren Handlungen mit nichtsexuellem Charakter führen, dann steht dahinter eine ungeheure Triebspannung, die in normaler Weise nicht bewältigt werden kann. Oft geschehen diese Taten auf einer schwächeren Charakterstruktur. Zu einer nicht besonderen Intelligenz gesellt sich eine labile Affektivität, die dem Umkippen sehr entgegenkommt. Es handelt sich bei diesen Tätern also nicht um starre Charaktere. Je größer die Neigung zur Kippreaktion, um so geringer ist die Gefahr, daß es zu einem massiven und brutalen Durchsetzen der Sexualwünsche kommt, d. h. zu Sexualverbrechen.

Die Sexualität als Triebkraft kann nun direkt, wie aber auch indirekt bei Frustration Ursache für die verschiedensten Straftaten sein, die bis zum Gewalt- und Kapitalverbrechen reichen können, ohne daß die Sexualität in ihren Masken dahinter erkannt wird.

Und damit verlasse ich die theoretischen Überlegungen und komme wieder zur Empirie.

Daß Autos nicht nur aus einem triebhaften Verlangen nach dem Rauscherlebnis des Fahrens gestohlen werden, sondern auch aus Geltungssucht und Eitelkeit, braucht nicht besonders erwähnt zu werden.

---

[12] *N. Tinbergen:* Instinktlehre, Berlin-Hamburg 1956, S. 108.

Eitelkeit wurzelt sicherlich in ihren Tiefen im sexuellen Triebgeschehen, das nicht voll, d. h. der jeweiligen Potenz entsprechend, befriedigt wird. Was jedoch im Zusammenhang mit Autos wahrscheinlich noch nicht wissenschaftlich erfaßt wurde, das sind jene Verkehrsunfälle, bei denen der Sexualität eine wirksame Ursache zukommt. Es braucht nur darauf hingewiesen zu werden, daß junge Menschen schneller und gewagter fahren, wenn ein junges Mädchen mit im Wagen sitzt, als wenn sie alleine wären, um dadurch zu zeigen, wie souverän sie den Wagen beherrschen, beherrschen als eine Form der Aggression aus dem Sektor Sexualität nach *Szondy*. Oder auch der sog. „Kavaliersstart", um ein hübsches Mädchen, das in der Nähe ist, durch ein rasantes Starten auf sich aufmerksam zu machen. In keiner Statistik ist vermerkt, wie oft hübsche Beine einen Unfall verursachen. Würden die Verkehrsunfälle tiefenpsychologisch untersucht, dann würde wahrscheinlich außerdem festgestellt, daß bei diesen Unfällen oft das Selbstwertgefühl nicht in Ordnung ist oder daß dieselben vielleicht in einer disharmonischen Ehe leben. Es ist bekannt, daß Ehemänner, die zu Hause nicht viel oder gar nichts zu sagen haben, dafür um so herrischer und rücksichtsloser ihren Mitarbeitern und Untergebenen gegenüber auftreten. Das gleiche Verhalten zeigen sie auch als Verkehrsteilnehmer. Sitzen sie in ihrem Wagen, mit dem sie ihre männliche Potenz hinsichtlich Zeit, Raum, Geschwindigkeit und hinsichtlich des sozialen Prestige vergrößern, dann wird das durch die Ehe zerstörte männliche Selbstbewußtsein und wahrscheinlich auch das frustrierte Geschlechtsleben durch ein forscheres und rücksichtsloseres Verhalten im Verkehr überkompensiert. Außerdem wird beim Fahren auch oft eine unbefriedigte Dranghaftigkeit abreagiert, wie es häufig bei jugendlichen Autodieben beobachtet werden kann. Es wäre sehr aufschlußreich, die Verkehrsunfälle tiefenpsychologisch zu untersuchen. Aber es kann nach einem Unfall schlecht gefragt werden, ob das Gehirn von unkeuschen Gedanken strapaziert wurde. Auch kann die Erlangung eines Führerscheins nicht davon abhängig gemacht werden, ob das Sexualleben in Ordnung ist.

Es soll noch kurz ein anderes Gebiet erwähnt werden, und zwar die von Frauen ausgeführten Ladendiebstähle mit kleptomanem Charakter. Diese werden sehr oft unter einer merkwürdigen Erregung und unter einem als Drang empfundenen Zustand ausgeführt. Die Psychoanalytiker sehen in allen Straftaten, deren Motive nicht klar sind, eine verborgene Sexualbefriedigung. *Stekel* sieht dementsprechend die Kleptomanie als Ausdruck einer unbefriedigten Sexualität. Es wird aber eher wohl so sein, daß hier besonders enge Beziehungen zwischen biologischen Phasen und Diebstahlshandlungen bestehen. *Gerchow* meint, daß Störungen des Gleichgewichts in biologischen Krisensituationen (Pubertät, Menstruation, Schwangerschaft und Klimakterium) leichter zu unkontrollierten Handlungen führen können[13]. Nach *Hirschmann* werden durch diese Schwankungen bestimmte Triebgruppen aktiviert, die eine Kleptomanie zur Entfaltung gelangen lassen[14]. Dies sollte nur am Rande erwähnt werden.

Zum Schluß noch drei Fälle, die zeigen sollen, daß die sexuelle Entsagung auch zu anderen Formen strafbaren Verhaltens führen kann. Alle Beispiele stammen aus der Jungmännerabteilung der Strafanstalt Kassel.

Ein junger Mann, 22 Jahre alt, von Beruf Maurer mit Gesellenprüfung, der zuletzt jedoch eine berufsfremde Arbeit ausgeführt hatte, ist durch eine großflächige Narbe im Gesicht entstellt. Seine Intelligenz liegt am unteren Rande des Durchschnitts; im Wesen ist er weich und gutmütig, dabei jedoch etwas tölpelhaft, so daß er von seinen Bekannten nicht voll akzeptiert wird. Durch die Entstellung im Gesicht hat er starke Minderwertigkeitsgefühle und versucht diese durch besondere Aktivität auszugleichen. Er ist in der Freiwilligen Feuerwehr und betätigt sich bei den Übungen und gelegentlichen Einsätzen besonders tatkräftig. Er strebt danach, einmal die Gelegenheit zu finden, wegen besonderer Leistungen hervorgehoben und öffentlich belobigt zu werden.

In seinem Heimatort war ein Tanzvergnügen, er hielt sich die meiste Zeit an der Theke auf und trank reichlich Alkohol. Er tanzte mehrere Male, fand aber kein Mädchen, das länger und ernsthafter sich hätte mit ihm abgeben wollen. Als ein ihm bekanntes Mädchen heimging, wollte er mitgehen. Das Mädchen ließ ihn jedoch an der Omnibushaltestelle lachend stehen und fuhr ab. Verärgert über den Abend und das Stehenlassen überlegte er, daß er sich einen Stern an seiner Uniform verdienen müßte, um mehr Chancen zu haben und anerkannt zu werden. Einen Stern könnte er jedoch nur bekommen, wenn er als erster an einer Brandstelle eintreffen würde, um sich dann beim Löschen hervorzutun. So kam es, daß er in der Nacht Feuer legte und anschließend übereifrig beim Löschen half.

Wenn bei diesem Fall auch nicht so deutlich eine übererregbare Sexualität als dynamischer Triebfaktor hinter dem Geschehen sichtbar wurde, so war es doch ein in der Sexualsphäre empfundenes Mangelerlebnis, das ihn zu diesen Taten trieb.

---

[13] *Gerchow, J.:* Das triebhafte Stehlen (die sog. Kleptomanie), Bundeskriminalamt Wiesbaden 1958, S. 69 ff.

[14] *Hirschmann, J.:* Kriminalbiologische Gegenwartsfragen, Bd. VII, 1953, S. 25.

Deutlicher wird die Frustration bei einem jungverheirateten Soldaten und Fallschirmspringer, der in der sexuellen Entsagungssituation sich unerlaubt von der Truppe entfernte, d. h. er wollte nach einem Urlaub nicht zur Truppe zurück und wurde außerdem gegen einen Vorgesetzten tätlich. Die Vorgeschichte begann Silvester. Er feierte mit seiner Frau und anderen Bekannten bei seinen Schwiegereltern, die in demselben Ort wohnten, Silvester. Von dieser Feier entfernte er sich nachts mit einem Mädchen und ging mit diesem in die eigene Wohnung. Er wurde wegen Verführung einer Minderjährigen in einem anderen Verfahren angeklagt. Seit dieser Zeit hatten seine Schwiegereltern ihrer Tochter verboten, in der ehelichen Wohnung mit ihrem Mann zusammenzuwohnen.

Als der Soldat einige Monate später Wochenendurlaub bekam, mußte er es erleben, daß seine Wohnung verschlossen war. Von der Hausbesitzerin bekam er den Schlüssel. Seine Frau befand sich bei ihren Eltern und durfte nicht zu ihm. Es braucht hier nicht besonders erwähnt zu werden, in welchem seelischen Zustand anhaltender Erregung sich der junge Mann befand, als er in einem Wochenendurlaub, auf den er mit Spannung gewartet und sich gefreut hatte, nach Hause kam und ihm das Beisammensein mit seiner Frau versagt wurde. In einer solchen Entsagungssituation kann es zu fatalen Reaktionen kommen, die explosivartigen Entladungen gleichen können. Dieser Soldat wollte einfach nicht mehr, er wollte fort. Er hatte keine realen Vorstellungen wohin, nur weg von der Truppe und fort aus dem Ort. Als er an seinem Vorhaben durch seine Festnahme gehindert werden sollte, wurde er tätlich, so daß es zu einem verhängnisvollen Handgemenge kam, bei dem er durch einen Schuß schwer verletzt wurde.

Es ist ergänzend zu erwähnen, daß die Ehe unter dem Einfluß der Schwiegereltern während der Haftzeit geschieden wurde. Als der Soldat jedoch vorzeitig entlassen wurde, holte seine geschiedene Frau ihn selbst ab. In einem gemeinsamen Gespräch wurde beschlossen, daß beide in seine Heimat zu seinen Eltern fahren, um dort noch einmal zu heiraten und neu zu beginnen.

Zum Schluß noch ein Fall einer massiven Entladung mit Todesfolge. Es handelt sich um einen Schlossergesellen, der zur Tatzeit 20 Jahre 6 Monate alt war. Er wuchs bei seinen Eltern in einem Dorf auf, war im Gesangverein, Turnverein, in der Freiwilligen Feuerwehr und bei der Landjugend. Oft ging er in den Wald, um das Wild zu beobachten. Die Familie ist im Ort angesehen und trägt bäuerliches Gepräge. Sein Vater hat sich in 30 Jahren vom Arbeiter zum Werkmeister emporgearbeitet und bewirtschaftet nebenbei eine kleine Landwirtschaft. Er gilt als pflichtbewußt und ist im Althergebrachten verwurzelt, so daß es ihm nicht leicht fällt, sich auf neue Verhältnisse umzustellen. Die Mutter ist dagegen feinfühliger und aufgeschlossener, sie stellt gegenüber dem Vater einen guten Ausgleich dar. Im Mittelpunkt der Familie steht die Arbeit. Im übrigen werden nicht viele Worte gewechselt. Seit seinem 18. Lebensjahr unterhielt der Sohn ein Liebesverhältnis zu einem damals erst 14jährigen Mädchen. Im Laufe der Zeit kam es zwischen beiden zum mehrmaligen Geschlechtsverkehr. Die Mutter der Freundin war gegen das Verhältnis. Dies aber nicht so sehr wegen der Jugend der Tochter, sondern mehr weil sie an dem Benehmen und hauptsächlich an der Kleidung des Freundes viel auszusetzen hatte. Sie äußerte sich in seiner Gegenwart abfällig über seine Eltern, die ihm zu wenig Kleider kauften. Schließlich schrieb sie seiner Mutter, um sich über ihn zu beschweren und zu bewirken, daß das Verhältnis gelöst würde. Eines Tages ging sie sogar selbst zu seiner Mutter und hielt ihr vor, daß ihr Sohn schlecht angezogen sei, sie solle ihm bessere Kleidung kaufen. Obwohl das Mädchen unter dem Einfluß der Eltern stand, hielt es vorerst die Freundschaft aufrecht.

Auch seine Eltern sahen nun diese Freundschaft nicht mehr gerne, sowohl wegen der Jugend des Mädchens, als auch wegen der beleidigenden Äußerungen der Mutter. Dadurch kam es, daß er sich innerlich immer mehr von seinen Eltern trennte. Er setzte sich über die Anordnungen seiner Eltern hinweg, so daß diese ihm schließlich nichts mehr sagten. Der an sich schon wortkarge Vater beachtete ihn kaum noch. So weit die äußeren Umstände.

Am Morgen vor der Tat bekam er von seiner Freundin einen Abschiedsbrief, der in Wahrheit aber von ihrer Mutter geschrieben war. Außerdem gab sie ihm auch einige Bilder zurück und Geld, das sie aufbewahrt hatte. Darüber war er sehr betroffen. Gegen Mittag kaufte er 15 ccm des Pflanzenschutzmittels E 605 und spielte mit dem Gedanken, sich das Leben zu nehmen. Kurz danach traf er noch einmal seine Freundin. Auch bei diesem Gespräch war er sehr niedergeschlagen. Seine Freundin tröstete ihn damit, daß sie später das Verhältnis wieder aufnehmen könnten, wenn er 21 Jahre alt sei. Am späten Nachmittag wollte er sie noch einmal aufsuchen, traf sie jedoch nicht an. Er ging dann in eine Wirtschaft, trank drei Glas Bier und spielte unter dem Eindruck der seelischen Erschütterung noch mit dem Gedanken, Selbstmord zu begehen. Er gab dann aber diesen Gedanken auf, weil seine Freundin ihm noch Hoffnung gemacht hatte. Auf dem Heimweg kreisten seine Gedanken um die Mutter der Freundin. Er fragte sich, wie es wohl käme, daß sie ihn ablehnte. Bei seinen Überlegungen kam er dann zu dem Ergebnis, daß seine eigenen Eltern wohl den Anlaß dazu gegeben hatten. So beschloß er, seine Eltern krank zu machen, um dadurch in die Lage zu kommen, für sie sorgen zu dürfen. Er versprach sich dadurch ein besseres Verhältnis zwischen ihm und seinen Eltern. Unter diesen Vorstellungen schüttete er am Abend das Pflanzenschutzmittel in den Kartoffelbrei, den es für die Familie geben sollte. Der jüngere seiner beiden Brüder aß von dem Brei, ohne sich über den Geschmack zu wundern, während die übrigen Familienangehörigen wegen des bitteren Geschmacks bald mit dem Essen aufhörten. Der jüngere Bruder starb nach einer halben Stunde, der Vater und der ältere Bruder wurden mit schweren Vergiftungserscheinungen ins Krankenhaus gebracht und konnten trotz eingetretener Bewußtlosigkeit noch gerettet werden. So weit die Tat.

In dem psychiatrischen Gutachten hieß es, daß er von weicher und empfindsamer Grundstruktur sei, dem es offenbar noch an der nötigen Hemmung und Steuerung durch Vernunft und Willen fehlt.

> „Die affektiven Strebungen sind noch weitgehend ungereift und bestehende Selbstwertkonflikte lassen es nicht ausgeschlossen erscheinen, daß es leicht zu abrupten Reaktionen kommen kann. Neben einer ungenügenden Durchformung seiner Persönlichkeit läßt sich eine starke Labilität erkennen. Deutlich fallen seine Unausgeglichenheit und Widersprüchlichkeit auf. Hilflosigkeit versteckt er nicht selten hinter Trotz. Besonders stark ausgeprägt ist aber sein Anlehnungsbedürfnis. Ein Hang zu abenteuerlichem Handeln paart sich mit einem Sichhineinfinden in selbstwerterhöhende Rollen ..."

Bei der Urteilsfindung — er erhielt acht Jahre Jugendstrafe — wurde zu seinen Gunsten berücksichtigt, daß er sich bei der Tat in einem Zustand stärkster seelischer Erregung befunden hatte und sich völlig allein in einer für ihn ausweglosen Situation zu befinden glaubte.

Ein ähnlicher Fall wurde mir berichtet, den ich nur aus der Erinnerung wiedergeben kann. Ein junger Mann wollte zu einer Party. Seine Eltern waren strikt dagegen. Sein ganzes Denken kreiste nur um diese Party, auf der er sich sein erstes sexuelles Erlebnis erhoffte. Er grübelte darüber nach, wie er es anstellen könnte, trotz des Verbotes dorthin zu gehen, bzw. seine Eltern umzustimmen. Er konnte in der Nacht wegen dieser Vorstellungen nicht schlafen, steigerte sich dermaßen in eine sexualisierte Erlebniswelt hinein, bis er schließlich in der Nacht einen Hammer nahm und seine schlafenden Eltern gefährlich verletzte.

Es war nicht meine Absicht, das Gebiet der Sexualkriminalität zu erweitern. Auch wollte ich nicht im Sexualtrieb die einzige Ursache für viele oder sogar für alle Straftaten sehen. Es ging mir viel mehr darum, auf die ungeheure Wirksamkeit dieses Triebes hinzuweisen und auf seine raffinierten Weisen aufmerksam zu machen, derer er sich bedient, um sich zu behaupten und sich durchzusetzen.

Sexuelle Entsagung als Ursache für nichtspezifische Straftaten

Wurde über die Ätiologie der Sexualität gesprochen, dann sollte nicht nur die Triebkraft als solche aufgezeigt werden, die Sexualdelikte auslöst, sondern es wurde auch ihre Richtung verfolgt, wenn sie an adaequater Befriedigung gehindert ist, sich andere Kanäle sucht und zu Straftaten führt, die eine Wirksamkeit der Sexualität unmittelbar nicht mehr erkennen lassen. Es ging darum, diese drängende und quälende Triebkraft zu demaskieren und ihre hintergründigen Methoden freizulegen, mit denen sie den schwachen Menschen zwingt, ihr direkt oder auf Umwegen zu gehorchen. Sie kann dabei großes Unheil anrichten, aber auch positive Leistungen vollbringen. Darin liegt ihre fast diabolische Ambivalenz, indem die Sexualität zum Bösen verführen, aber auch zum Guten anspornen kann. Gleichzeitig begründet diese Ambivalenz die Aufforderung, immer wieder im guten Sinne die Jugend mit dieser Triebkraft zu konfrontieren. Da der Mensch durch das ihm innewohnende geistige Prinzip mehr ist als nur ein Triebbündel, können solche prophylaktischen Bemühungen eigentlich nicht vergebens sein.

Podiumsgespräch

Zur Beleuchtung der Situation darf ich von vornherein sagen, daß das, was Sie hier nun hören werden, in keiner Weise irgendwie vorbereitet oder gar abgesprochen worden ist; es ist ein Gespräch, das sich als Konsequenz der bisherigen Referate, die erstmals gehalten wurden, ergibt. Wir möchten Wege suchen, um die Sexualkriminalität zu verhindern. Der potentielle Täter muß rechtzeitig erkannt werden. Die Experten, die hier versammelt sind, werden zu einzelnen Fragen Stellung nehmen. Hierbei bewegt uns als erste Frage: Ist es möglich, Symptome zu erkennen, die den potentiellen Täter vermuten lassen, und welche Symptome könnten das sein? Besteht diese Möglichkeit überhaupt? Ich möchte zuerst Herrn Abels bitten, der uns gestern etwas über die psychischen Ursachen berichtet hat, sich zu der Frage zu äußern: Welche Symptome gibt es, an denen man psychische Ursachen der Sexualkriminalität erkennen kann?

Herrn Kerschbaum hätte ich gerne zu dieser Frage unter dem Aspekt der Hirnschädigungen als Ursachen gehört und ob die dazugehörigen Symptome erkennbar sind?

Herrn von Kracht bitte ich zu der Frage Stellung zu nehmen, ob man an Erziehungsschwierigkeiten Symptome sexueller Fehlentwicklung erkennen kann. In der gleichen Richtung lag auch das Referat von Herrn Ewert, der dazu ergänzend Stellung nehmen könnte.

Abels: Ich möchte zunächst anknüpfend an das Referat von Herrn Mey darauf hinweisen, daß wahrscheinlich unsere Wissenschaft z. Zt. über wirkliche gesicherte Befunde irgendwelcher Art zur Erkennung frühzeitiger sexueller Triebverirrungen nicht verfügt. Das ist eine Tatsache, mit der wir rechnen müssen. Deshalb scheint es mir sehr wichtig, daß man etwas globaler die Sache angeht; und da wir in sehr vielen Fällen sexueller Kriminalität eine starke Einengung des emotionalen Erlebens feststellen, müssen wir da, wo es eingeengt erscheint — das kann schon sehr früh festgestellt und deutlich abgelesen werden, mit 10 bis 12 Jahren — an die Vorwegnahme, daß hier ein potentieller Täter heranwächst, in jedem Falle ankämpfen. Es scheint mir sehr fruchtbar, daß gerade in den USA Versuche gemacht worden sind, durch die Mobilisierung der Gruppendynamik, verschiedener Stile und Therapien diese Verklemmtheit, diese Vereinsamung, darum geht es ja letzten Endes, des jungen Menschen oft auch in einer Familie, in einer Gruppe, nach Möglichkeit frühestens bekämpft wird. Das wäre eine der Sachen, die mir wichtig erscheinen, wobei keine Differenzialdiagnose gemacht werden kann; zwischen potentiellen Sexualtätern und potentiellen Eigentumstätern, allgemeinen Gewalttätern, müßte man global dieses Symptom der emotionalen Koartation angehen.

Nass: Sie meinen also, daß man sehr vorsichtig bezüglich der Beantwortung der Frage sein muß, ob es möglich sei, Erstsymptome zu erkennen?

Kerschbaum: Bezüglich der Erstsymptome vom Standpunkt etwa der Hirnschädigungen ist es natürlich die Frage, ob es sich um allgemeine handelt, die eine starke Frustrationsbedrängnis erkennen lassen. Da müssen wir unterscheiden, wie weit wir überhaupt voraussehen können, ob sich ein solcher Ausbruch nun auf sexuellem Gebiet ereignen wird, oder ob zunächst eine allgemeine Spannung da ist, eine Ausweglosigkeit, die bei der Persönlichkeitsstruktur des Betreffenden erwarten läßt, daß auf irgendeinem Gebiet diese Explosion erfolgt. Ich meine, da müssen wir einen Unterschied machen.

Nass: Wir haben bei dem letzten Referat von Herrn Stark gehört, daß die Triebwirkung eine geradezu unheimliche ist und daß Triebfrustrationen eben doch in ihrer Wirkung sich nicht beschränken auf eine bestimmte Art der Kriminalität, sondern es kann an einer ganz anderen Stelle, an der man es nicht erwartet hat, Kriminalität auftreten, von der der Laie sagen würde, das habe mit Sexualität garnichts zu tun. Da muß man sicher vorsichtig sein. Wir müssen uns, glaube ich, weil wir ja das Thema der Sexualkriminalität im Auge haben, doch wohl darauf beschränken. Es kommt uns auch auf die Therapie an. Was muß geschehen? Wir wollen dort, wo sich Sexualkriminalität manifestiert, Früh- oder Erstsymptome suchen, um, wenn wir solche gefunden haben sollten, sagen zu können: Hier ist etwas im Entstehen begriffen.

Abels: Wir dürfen, abgesehen von der zuzugebenden unbedingten Notwendigkeit der Forschung nicht vergessen, daß hier bestimmte soziale Hindernissse auftreten, die doch sehr gefährlich sind. Man stelle sich vor, ob es nun ein Heimkind oder ein Jugendlicher in einer Familie ist, es würde plötzlich eine Symptomatik entdeckt; wird er da nicht unwillkürlich, wie bei meinem gestern vorgetragenen Fall, in eine bestimmte Verhaltensweise hineingedrängt? Wir dürfen eben nicht vergessen, daß sowohl unser menschliches Gruppenerleben wie unser visuelles Erleben ein Zusammenspiel von Kräften ist, und da steht ein Hindernis auf, ob einer sexuell kriminell symptomatisch ist oder in einer anderen Richtung; immer hängt ihm dann, wie in astrologischen Weissagungen, ein solcher Befund an, der ihn schon in seiner ganzen seelischen Totale sofort ändert. Das wollte ich noch zu bedenken geben.

Kerschbaum: Von uns aus, das ist vom Einfluß der organischen Schädigungen aus gesehen, müssen wir trennen, ob es zu einer psychogenen Anstauung gekommen ist, wie es bei jedermann vorkommen kann, oder aber ob Voraussetzungen schon bestehen seit der Schädigung.

Nass: Man muß zwar trennen, aber es ist etwas unbefriedigend, wenn man sagt, psychische Ursachen bilden einen solchen Komplex, daß wir nun nicht wissen, wohin diese Symptome tendieren; aber mindestens sollte man doch aufmerken, wenn Symptome überhaupt sichtbar sind. Wohin sie tendieren, das ist ja dann eine sekundäre Frage. Es ist zunächst auffällig, es sind bestimmte Erscheinungen da, die aufmerken lassen: Hier ist etwas nicht in Ordnung, hier muß man aufpassen, hier kann sich in dieser oder jener Richtung etwas entwickeln, oder hier stimmt etwas nicht. Dieses Kind unterscheidet sich in seinem Verhalten mindestens auffällig von anderen, wir müssen daher aufpassen, und dieses Verhalten kann ein Symptom sein. Hier müssen wir ansetzen und fragen: Was könnte sich möglicherweise daraus entwickeln, welches ist die Ursache dieses Symptoms und was wird zu erwarten sein. Wir können natürlich nicht mit Sicherheit sagen, ob sich ein sexualkriminelles Verhalten eines Tages herausstellen wird, aber wenigstens dieses: Es ist etwas da, dieses Kind ist auffällig, wir müssen nach den Ursachen dieser Auffälligkeit fragen, müssen wissen, was sich dahinter verbirgt.

Ewert: Praktisch taucht eine Schwierigkeit auf, wenn wir von der Frage der Hauptttätigkeit an die Dinge herantreten. Wir unterscheiden schlagwortartig eine lärmende und eine stille Symptomatik. Wenn ich mir nun die Täter vorstelle, die ich untersucht habe, da war es ganz sicher, daß Erstsymptome vorhanden waren, keineswegs aber eine lärmende Symptomatik, sondern das waren ganz stille zurückgezogene avitale Leute, die für ihre Avitalität noch eine Prämie bekamen, weil sie so brav waren, niemals nach Mädchen schauten und immer für den Beruf arbeiteten. So etwas fällt ja auf, und ich glaube, das ist nun eine Tätergruppe, die zumindest für uns besonders interessant ist. Das sind garnicht Leute, die mit einer lärmenden Symptomatik auffällig werden, so daß also die Eltern und Nachbarn sagen: Da ist etwas los!

Nass: Einen solchen Fall ließ ich ja gestern anklingen, einen Waffenfetischisten, der nicht auffällig war und doch, wenn die Eltern aufgepaßt hätten, daß er doch ein Sonderling war, der heimlich durch die Wälder streift und sich heimlich eine Waffe besorgt und abends nun in seinem Bett damit manipulierte, auf diesen braven, ordentlichen, anständigen Jungen, der nicht den Kontakt mit Mädchen suchte, dann hätte man doch eine ganze Anzahl von Symptomen, die sich da herausgestellt hatten, möglicherweise als Warnzeichen deuten können: hier ist etwas bei dem Jungen nicht in Ordnung. Was nicht in Ordnung ist, das ist dann eine andere Frage. Zumindest hatte sich herausgestellt, daß er mit 17 Jahren den Kontakt mit dem anderen Geschlecht nicht gefunden hatte, der blieb ihm verschlossen. Er blieb ein Einzelgänger und hat ein ganz anderes Ventil für seine sexuelle Betätigung und Annäherung gesucht. Ich meine, da sind doch Symptome, zwar keine lärmenden, aber es sind doch Anzeichen für eine abnorme Entwicklung da. Wenn wir diese Frage nach der Erkenntnismöglichkeit beantwortet haben, können wir untersuchen, was geschehen kann und muß, um solche Symptome zu erkennen, ferner um Öffentlichkeit und Erzieher darauf hinzuweisen, daß sie sich um diese Fragen überhaupt kümmern und was geschehen kann, um dann therapeutisch zu wirken.

Beck: Mich interessiert zunächst die breite Masse der Sexualdelinquenten, die in unsere Obhut kommen. Wenn ich die untersuche, dann stelle ich mir die Frage: Wie hat man denn früher danach gefragt? Ich nehme ein Handbuch der Kriminologie und finde dort Tierquälerei und eine ganze Anzahl anderer Dinge, die unter den bekannten Sammelbegriff der Psychopathie fallen. Ich gehe diesen Dingen nach und stelle fest, daß Forschungen in England, Amerika, Schweden usw. gemacht worden sind. Und dann stelle ich weiter fest, daß — und diese Zahl, die ich hier angebe, ist aus dem Handgelenk, liegt aber nach meinen Beobachtungen bedeutend höher — diese Leute, bei denen Frühsymptome auftreten, zu 90 % aus einer überforderten sozialen Umwelt, aus dem Bereich des Brokenhome kommen. Sie sind entweder verwünschte Kinder, zufällig erzeugte Kinder, Kinder ohne Vater, ohne Mutter, ohne Eltern, darunter ausgesetzte Kinder usw. In diesen Fällen, welche die Masse der Jugendkriminalität ausmachen, ist ein Prozentsatz auffällig, welcher die Sexualdelinquenz betrifft. Nun habe ich mir die Frage vorgelegt, wie ist es denn möglich, daß aus dieser Masse gerade die Sexualdelinquenten hervorgehen. Ich muß offen sagen, irgendwie ist diese Störung vom Sexualtrieb als dem stärkeren Trieb aufgefangen worden, und es ist das Umgekehrte passiert, was uns Herr Stark gestern gesagt hat. Da sind die Spannungen aus der Sexualität übergesprungen in andere Bereiche und dort arridiiert. Hier sind sie aus anderen Bereichen in die Aggressivität und Homosexualität übergesprungen. Das gibt es auch, und es ist interessant, daß gerade in außerordentlich extremen Fällen, die in der Bildzeitung die Öffentlichkeit erregen, psychiatrische Fakten überhaupt nicht vorliegen. Sozial werden sie nicht anerkannt, d. h., aus der modernen Rechtsprechung wissen wir, daß gewisse, unerhört starke, das Kind und den Jugendlichen überfordernde soziale Faktoren — als Schicksalsbelastung könnte man es bezeichnen — die in ihrer Wirkung Krankheitswert haben können, gibt. Das ist eine Frage, die natürlich in der Wissenschaft stark diskutiert wird, und es gibt viele Richter, die sich dieser Fragen annehmen. Ich glaube, Mezger ist in seinem Kommentar darauf eingegangen. Ich neige also dazu, die Sozialfaktoren als Grundvorbedingung, aus der sich unglaublich viele unüberhörbare, unkontrollierbare neue Motivgruppen bilden, als sogenannte Primärgruppen anzusehen, dazu gehört noch gesunde Bindungsmöglichkeit. Jeder Mensch hat Anspruch auf eine Bindungsmöglichkeit, auf eine zärtliche Mutter, auf einen gütigen Vater. Bei diesen Delinquenten sind die Urfakten des Menschseins schlechthin gestört.

Nass: Herr Beck, Sie haben am Anfang auf ein Symptom aufmerksam gemacht, nämlich Tierquälerei. Ist das nicht schon ein Symptom, auf das man mindestens aufmerken muß?

Abels: Darf ich dazu folgendes sagen:

Erstens bekommen wir in den besten Fällen von dem Jugendlichen die Mitteilung, der Betreffende sei bei Tierquälereien beobachtet worden. Nun kann ich hierzu zwei konkrete Beispiele geben.

Einmal war es das, welches ich gestern schilderte. Da sagten z. B. die Eltern, daß ein Junge ein Kätzchen mit einem Sporn gestochen habe. Ein anderes Mal wurde einem Jungen ebenfalls Tierquälerei vorgeworfen. Ich bin der Sache nachgegangen. Was war passiert? Die ganze Gruppe der Heimkinder hatte einen Spaziergang gemacht und einige Jungen — das ist ein Vitalbedürfnis — hatten mit Steinen nach Zielen zu werfen begonnen. Ein Junge hatte durch einen Zufall ein Gänschen getroffen, das tot war. In dem Heimbericht stand nun Tierquälerei. Tierquälerei als Symptom können wir nur dann werten, wenn wir selbst gesehen haben, was passiert ist, aber nicht nach sehr diffusen Berichten.

Kerschbaum: Es ist immer ein gewisses Unbehagen dabei. Man kann, wenn der Betreffende vor Gericht steht, sehr schön eine psychische Verlaufsanalyse ansetzen, aber die gesicherte Validierung ist eben nicht möglich. Man fragt immer wieder: Soundsoviele sind in der gleichen oder ähnlichen Frustrationssituation, und warum geht es bei diesem dann über die Grenze und bei dem anderen nicht? Da ist etwas, was irgendwie doch immer rätselhaft bleibt, selbst wenn man es so schön darlegen und erklären kann, daß es auch jeder glaubt. Da fehlt jedoch ein Punkt, und das ist es, was bei Früherkennung wichtig wäre.

Nass: Es ist sehr einfach, eine Kausalkette retrospektiv aufzubauen und die einzelnen Glieder nachzuweisen, aber es ist eben nicht so leicht möglich, eine Kausalkette vorausschauend aufzubauen, also aus den Symptomen herzuleiten: Es muß oder es kann oder es wird einmal sich dieses daraus entwickeln. Die Schwierigkeiten sind zweifellos da, und trotzdem möchte man doch nicht ohne weiteres kapitulieren, angesichts der Tatsache, daß es doch notwendig ist und daß wir uns Mühe geben müssen, hier irgendwie Abhilfe zu schaffen. Nicht krankhaft nach Symptomen suchen, sondern vorsichtig Hinweise zu geben: Hier ist Einzelgängertum, Tierquälerei, Erröten, Schüchternheit, um nur einmal aus dem Handgelenk einige solcher Erstsymptome zu nennen. Kann es nicht oder muß es nicht durch einen bestimmten Auslöser zu einem bestimmten Affekt kommen?

v. Kracht: Wenn ich aus der Praxis der Erziehungsberatung dazu einiges bemerken kann, dann möchte ich vorerst sagen: Es ist relativ selten, daß uns die kleinen Patienten primär mit einer sexuellen Symptomatik vorgestellt werden. Diese ergibt sich im allgemeinen aus der Exploration und Anamnese, wozu noch einiges zu sagen sein wird Es gibt aber auch einige Fälle, die von vornherein prognostisch wenig günstig liegen, bei denen man sagen kann, hier liegt eine Gefährdung unter allen Umständen vor. Ich nenne hier einen Fall, zuerst das Symptom — wobei die Ursache gleich ins Auge springt — bei der zweiten Konsultation der Mutter. Das Symptom war folgendes: Allgemeine seelische Retardierung bei körperlicher Akzeleration. Der Junge war 5½ Jahre alt, ein massives sexuelles Interesse lag vor, das sich erstens auf den Körper der Mutter erstreckte, so daß diese vor dem Jungen schon die Flucht ergreifen mußte, so, wie sie sagte, ein massives sexuelles Interesse, das sich auf Personen des weiblichen Geschlechtes richtete, sofern die weiblichen Personen wesentlich älter waren als der Junge. Die Exploration der Mutter ergab, daß diese aus sozial sehr ungeordneten Verhältnissen stammte. Ihre eigene Schwester war wegen Kindesmordes angeklagt, sie selbst litt unter einer sehr schweren sexuellen Hemmung. Sie sagte zu mir, die Ehe wäre doch etwas Furchtbares, was da verlangt würde, am liebsten würde sie ins Kloster gehen. Als ich sie fragte, ob sie denn so starke religiöse Bedürfnisse hätte, sagte sie, das wäre egal, aber im Kloster hätte sie Sicherheit vor ihrem Mann. Diese Frau fühlte sich außerdem aber auch an den Mann ambivalenterweise gebunden, d. h. wenn der Mann nicht da war, fühlte sie sich allein. Sie sagte zu mir in derselben Form, wie sie sich allein gefühlt hat, wie früher die Mutter fort gewesen war. Hier handelt es sich also um eine sehr prüde Frau, die ihre gesamte Sexualität verdrängt hat, selbst nicht zur sexuellen Partnerschaftsbeziehung herangereift war, keinerlei Beziehung zum personalen Du herstellen konnte, starke Egozentrizität aufzuweisen hatte. Diese Frau verdrängte ihre sexuellen Wünsche, die, wie die nähere Anamnese dann ergab, trotzdem da waren, und diese projizierte sie auf ihren Jungen, und zwar besonders durch eine Erziehung zur Keuschheit, wie sie sich ausdrückte, kontinuierlich vom ersten bis fünften Lebensjahr. Die Aufmerksamkeit wurde auf die Reaktion unterhalb der Gürtellinie geradezu fixiert. Hier ist die Prognose von vornherein wenig günstig. Hier sieht man schon etwas, halt, hier muß man aufpassen! Es ist bei dem Jungen eine starke Mutterfiktion. Er geht an ältere Frauen heran. Es ist eine psychische Infantilität da. Die Intelligenz war durchschnittlich, das gesamte Persönlichkeitsgefüge außerordentlich primitiv; bei der Mutter ebenfalls. So etwas würde jedenfalls zu denken geben. Aber diese Fälle kommen im Jahr bestenfalls zweimal vor.

Ein anderer Fall ist ein homosexueller Vierzehnjähriger. Die Diagnose ist schon so gut wie sicher. Was da einmal passieren wird, kann man sich denken. Er ist ohne Vater aufgewachsen mit einer etwas harten Mutter; diese hat einige harte Züge. Der Vater hatte sich scheiden lassen, weil er das dauernde Kommando in seiner Ehe nicht ertragen konnte. Die Ehe wurde geschieden, als der Junge sich in der ödipalen Phase befand, etwa im Alter von $3^1/_2$ bis 4 Jahren. Jetzt war eine Identifikation mit dem ohnehin femininen Vater nicht mehr möglich. Es führte zu einer Identifikation mit der sehr asthenischen und maskulinen Mutter. Der Junge spielte immer nur Mädchenspiele. Sein Scenotest hatte den sehr merkwürdigen Kasten in der Mitte. An den Kasten angelehnt war ein kleines Mädchen. Ein Baby lag in einer Ecke, im Hintergrund stand der weibliche Baum des Sceno, der Laubbaum in der typischen weiblichen Formung; und dann war noch eine kleine Sache: Ich habe meine Sekretärin hereingeholt und ihr gesagt, ich hätte heute verschiedene Kinder (der Junge war inzwischen 14 Jahre geworden), können Sie mir sagen, von wem der Sceno ist? Da sagte sie: Der Sceno ist bestimmt von dem kleinen Mädchen, das heute morgen da war, von der Sechsjährigen. Der Junge ging in eine Laubenkolonie, schlug einen Zehnjährigen nieder, verletzte ihn schwer, zwang ihn zur mutuellen Onanie. Der Szondi zeigte eindeutig ein homosexuelles Profil, das man selten einmal findet.

Das ist ein Fall, wie er im Buche steht. Aber wann sieht man das? Solche Fälle begegnen uns schon einmal dann und wann; da sollte man hellhörig sein.

Beck: Glauben Sie, daß man sagen könnte, auf die Frage von Herrn Dr. Nass spezifiert: Ein Kind, das in einer Halbfamilie aufwächst, bedeutet das schon ein Alarmzeichen?

v. Kracht: Wenn es in einer Halbfamilie aufwächst und eine derart eklatante Symptomatik zeigt, so ist das ein klarer Fall. Es fehlt die Partnerschaftsbeziehung insofern, als hier die Partnerschaftsbeziehung nicht hergestellt werden konnte. Also eine Halbfamilie mit abnormer Persönlichkeitsstruktur der Mutter und dann in einer solchen adäquaten Symptomatik würde ich in jedem Fall als ein gravierendes Symptom bezeichnen.

Beck: Kann man sagen, daß in einer solchen Halbfamilie die sexuellen Bedürfnisse, Frustrationen und Schwierigkeiten von der Mutter sehr schnell übertragen werden, wenn die Tendenz auch unbewußt besteht, sie zu übertragen und zu entladen?

v. Kracht: Ja, das kann durchaus sein, vor allem wenn es sich um eine sexuell gehemmte Mutter handelt.

Nass: Ich glaube schon, daß gerade das Versagen des Annäherungstriebs ein Zeichen wäre. Aber wenn sich hier zahlreiche Zeichen ergeben, wenn z. B. der Versuch mit mehr oder weniger Gewaltanwendung an den Partner heranzukommen gemacht wird, sei es auch mit einer gewissen verhaltenen Neugier, diese etwa auf krummen Wegen zu befriedigen versucht, so müßte uns das schon zu denken geben.

Abels: Ich habe vorhin Skepsis walten lassen, aber nicht in bezug auf die Möglichkeit einer Differential-Symptomatik. Ich habe hingewiesen auf die Allgemeinheit, auf die emotionale Koartation, die ein wichtiges Symptom später möglicher asozialer Äußerung ist. Ich habe auf dem letzten Kongreß (Berlin 1963) den Begriff des sozialen Nahraum-Delikts genannt, ein Ausdruck, den wir in Hamburg sehr häufig benutzen. Wir haben kein Differential-Symptom für die Sexualdelinquenz. So kann z. B. ein Nahraum-Delinquent in der Pubertätszeit, wo sich gewisse aggressive Bedürfnisse stauen, zu einem sexuellen Delinquenten werden.

Nass: Wir haben ja aus dem Referat von Herrn Stark entnommen, wie vielschichtig und breit der Spielraum ist, auf dem sich sexuelle Verdrängungen, Kompensierungen usw. auswirken können, also im gesamten Bereich der Kriminalität.

Ich habe Betrugsdelikte, Unterschlagungen usw. in meinen Fällen, wo jedesmal eine Ehescheidung bevorstand, z. B. die Ehefrau fortgelaufen war, plötzlich bei Männern zwischen 30 und 40 Jahren schwere Delikte erlebt. Das sind Möglichkeiten, die wir in der Praxis zu Hunderten kennengelernt haben.

v. Kracht: Wenn ich in diesem Zusammenhang zur Differential-Symptomatik des späteren Delinquenten etwas sagen kann, dann ist es vielleicht so zu erklären, daß bei einer nicht ausgereiften Partnerschaftsfähigkeit, oder wie wir einmal sagen wollen, einer nichterreichten Genialität im Sinne von Freud, das Delikt ausweichen kann auf eine primitive Stufe der Organisation der frühen Kindheit, wo eine Fixierung stattgefunden hat. Es ist also möglich, daß in der Partnerschaftsfähigkeit der Betreffende versagt, also stiehlt er: Oralität. Es ist aber auch möglich, daß hierbei dann die Oralität selbst wieder sexuell eingefärbt wird. Dann hat man die positive Sexualität. Das ist wohl ein Zurückgehen. Das ist dann wieder das Sexualdelikt. Ich habe hier ferner folgendes gefunden: Man bekommt die Verwahrlosten leichter in die Sprechstunde, weil sich die Eltern dann große Sorgen machen. Ich habe meist ein Versagen der Mutter im ersten Lebensjahr gefunden. Wenn man anamnestisch weitergeht, findet man sehr häufig ein Versagen um die Zeit der ersten Objektbeziehung, d. h. etwa schon um den sechsten Monat. Da konnte die Beziehung zum normalen personalen Du nicht hergestellt werden, und in diesem Punkte waren sich ja die männlichen Delinquenten mit den weiblichen bzw. Verwahrlosten vollkommen einig, daß sie keine Beziehung zum personalen Du haben. Das wäre die intentionale Störung. Aber umgekehrt gilt nicht: Wer eine solche intentionale Störung hat, wird zum sexuellen Delinquenten. Da liegt die große Schwierigkeit.

Nass: Ich glaube, wir könnten uns einigen bezüglich der ersten Feststellung, daß es Erstsymptome gibt. Diese lassen aber noch nicht eindeutige Schlüsse auf die Art der Kriminalität zu; denn die Kriminalität ist eine ganz komplexe Angelegenheit, die sich je nach Einzelfall auswirkt. Es kommen noch andere Momente hinzu, nämlich Auslösungsfaktoren, Umweltfaktoren, auf die dann der Organismus bzw. die Triebkomponente oder ein Bündel von Komponenten irgendwie reagiert.

Wir kommen zum zweiten Punkt: Was können wir tun, daß Erstsymptome erkannt werden, und was muß geschehen, um die Öffentlichkeit aufzuklären? Oder konkreter formuliert: Welche Institutionen sind geeignet, auf diesem Gebiete überhaupt Feststellungen zu treffen? Ich würde zum Beispiel als solche Institutionen die Eheberatung, die Erziehungsberatung und den schulpsychologischen Dienst bezeichnen.

Beck: Es gibt eine Zone der Unantastbarkeit, der Intimität, die man nicht gern in die Beratung trägt; aber man soll gerade bei dem jetzigen Problem der Jungehe, das mit der Industrialisierung, mit der Umwandlung der Gesellschaft immer drängender auf uns zukommt, doch nicht nur warten, sondern die Möglichkeit geben, ein paar schlicht gehaltene Vorträge zu hören. Das ist eine Aufgabe für die Volkshochschulen. Was wissen diese jungen Menschen von der Sexualität? Nur das, was sie im Film gesehen haben, was sie von der Kommerzialisierung der Erotik kennen, sonst gar nichts. Blind gehen sie in die Ehe hinein. Da ist es möglich, daß sie in die Minenfelder der Sexualität geraten. In diesem Zusammenhang muß ich bedauern, daß unsere Lehrer äußerst schüchtern davon Kenntnis nehmen. Aus meiner Erfahrung kann ich sagen, daß Vorformen gewisser Perversitäten schon in der Vorpubertät vorkommen, und zwar so, daß manche sagen, er sei ja anlagegestört. Nein, keinesfalls anlagegestört! Es kommt auf das primäre Erlebnis an. Warum nicht dort auch einmal ein bißchen Aufgeschlossenheit zeigen? Wir müssen die Last der Tabuierung aus der früheren Nichtkenntnis des Menschen in irgendeiner vorsichtigen Form lösen und den Mut zur Verantwortung haben. Ich habe erfahren, daß selbst manche Studienräte von der Pubertät als Erlebnis kaum Kenntnis nahmen. Der Lehrer nimmt nicht Kenntnis von dem Verliebtsein des Schülers. Man zielt zu sehr auf Leistung. Das ist das eine, die Familienaufklärung mit Heranziehung der Volkshochschulen das andere.

v. Kracht: Ich würde da sehr vorsichtig sein, gerade in der Zeit, wo das sexuelle Tabu noch nicht abgebaut ist, auf spezifisch sexuelle Symptomatik den Blick zu wenden, zum Beispiel auf die Onanie. Ob die Kinder im Alter von fünf Jahren onanieren oder nicht ist ubiquitär. Wenn mir gesagt wird, daß eine Fünfjährige oder ein Fünfjähriger onanieren, dann weiß ich, welcher Geist in dieser Familie herrscht. Ich muß also sehr vorsichtig sein, hier nicht gerade Symptome zu erwähnen, die abgedrängt sind durch das Tabu und vielleicht riesengroß erscheinen. Der Betreffende wird auf ein solches Verhalten hin später abwegig fixiert.

Was zum Durchbrechen des Tabus zu sagen wäre, so ist das ja keineswegs abgebaut, was wir in Presse, Rundfunk und Film, in gewisser Art von Reklame an Tabus beobachten, das sind ja mehr oder weniger Durchbruchsaktionen, also völlig unreife Verhaltensweisen dem Sexuellen gegenüber, die eigentlich auch kriminalpsychologisch relevant sein sollten.

Kerschbaum: Herr Beck, wenn ich Ihre Ausführungen richtig verstanden habe, dann suchen wir eigentlich Ersatzinstitutionen für eine geschlechtliche Erziehung, die weder das Elternhaus noch die Schule in unserem derzeitigen Kultursystem gibt oder geben kann. Wenn ich an andere Kulturen denke, etwa an die asiatische, so liegt es da anders; dort wird diese Problematik gar nicht auftauchen, die hier an der Tagesordnung ist. Also das suchen wir, und wer kann das geben? Wir sollten die öffentlichen Institutionen nicht überfordern. Ich meine, es wäre wichtiger, dort anzuknüpfen, eine Liste der primordialen Symptome aufzustellen und den Eltern bei der Eheberatung zu sagen: wenn so etwas auftaucht, dann müßt ihr aufpassen. Allerdings müssen wir bei einer solchen Aufklärung etwas vorsichtig sein. Wir wollen nicht eine Symptomangst erzeugen, weil wir ja über die Auswirkung der Symptome nichts Bestimmtes sagen können. Aber auf jeden Fall würde dazu gehören, was heute ja nun öfter erwähnt wurde, eine extreme Kontaktschwäche, eine extreme Aktivitätsschwäche. Das ist alarmierend, ganz gleich auf welchem Gebiet es dann später zu entsprechender Frustrationsreaktion kommen wird.

Herter: Bevor wir uns auf Einzelsymptome verlegen, was sehr zu begrüßen ist, wären die Bereiche abzustecken, in denen diese Frühsymptome vorkommen. Es sind einige angeklungen: der charakterologische Sektor, das Emotionale, dann der soziale Sektor, die Verwahrlosung, dann auch tiefenpsychologische Dinge. Diese Sektoren sollten wir erst noch näher durchforschen und daraus dann im Sinn eines weiteren Vorstoßes die Einzelsymptome herausstellen und diese dann nicht monosymptomatisch sehen, sondern zusammenfassen im Sinn einer mehrdimensionalen oder polysymptomatischen Betrachtungsweise, und da nun die ganzen Modelle oder Klischees zu bekommen suchen, die uns tiefere Einblicke geben, welche wir dann zunächst retrospektiv gewinnen können. Ob wir dadurch zu einer sicheren Aussage in prognostischer Hinsicht gelangen, das halte ich nach dem gegenwärtigen Stand der Forschung für fraglich.

Nass: Sicher wäre schon eine Systematik hinsichtlich der verschiedenen Sektoren notwendig, dann aber auch hinsichtlich ihres Gewichts in einer Gesamtschau, in einem Gesamtzusammenhang, so ähnlich etwa wie man charakterologische Gutachten aus Symptomen nach Gewichten und ihrer Stellung im Gesamtgefüge erarbeitet. So ähnlich müßte man aus Symptomen die Gefährlichkeit oder die Tatsache, daß eine Potentialität des Verbrechens vorliegt, aus der Gesamtschau der Gewichte, der Wertigkeit der Symptome aufbauen. Eine andere Frage ist die der Ersatzinstitutionen, die wir anstelle der Einrichtungen benötigen, welche die Kulturvölker, von denen ich gestern sprach, besitzen. Welche haben wir? Sie sind aus der Notwendigkeit gegeben, daß wir Eheberatung, Erziehungsberatung, Mütterberatung betreiben müssen, telefonische Seelsorge usw. Alle diese Einrichtungen, die früher der Medizinmann oder in Afrika derjenige vertrat, der mit seinen jungen Anwärtern in den Busch ging und sie dann auf die Ehefähigkeit vorbereitete, müssen wir ersetzen. Ich glaube, auch die Kirchen stehen diesen Problemen heute sehr aufgeschlossen gegenüber.

Abels: Ich möchte von einem anderen Gesichtspunkt ausgehen. Mir fiel auf, daß hier von Ersatzinstitutionen gesprochen wird, die die fehlende sexuelle Erziehung seitens der Eltern übernehmen sollen. Wir sollten doch historisch denken. Es hat eigentlich niemals im Aufgabenbereich der Eltern gelegen, auch bei primitiven Völkern nicht, die sexuelle Erziehung der Kinder zu betreiben. Gerade frühere Zeiten hatten bestimmte Institutionen, magische, mystische, geschaffen, die diese Aufgabe übernahmen. Ich glaube auch, daß das Elternhaus in diesem Sinn, da es ein Aussprechen im Bewußtmachen von Dingen herbeiführen müßte, nicht der geeignete Ort ist; denn alle Beziehungen zwischen Kindern und Eltern sind derartig affektbesetzt und in Affekte eingebettet, daß eine klare Aussprache hier nicht stattfinden kann. Darum möchte ich mich verwahren gegen den Ausdruck Ersatzinstitutionen. Wir müssen überhaupt Institutionen schaffen, die früher waren und jetzt fehlen, und wir sollten nicht von sexueller, sondern von erotischer Erziehung sprechen, und die erotische Erziehung fehlt für uns, weil unser ganzes Leben entzeremonialisiert ist. Das brauchen wir!

Ewert: Ich glaube doch, wir sollten das, was wir unter erotischer Erziehung verstehen, unterscheiden von dem, was wir im allgemeinen als geschlechtliche Erziehung bezeichnen. Diese fängt allerdings schon bald nach der Geburt des Kindes an und sollte durchgehen bis zu dem Punkt, an dem es gut wäre, wenn die Kinder, Jugendlichen und Heranwachsenden doch Dinge auch außerhalb der Familie im anderen vernünftigen Rahmen sich klarmachen können. Ich will nicht sagen diskutieren. Man sollte das gar nicht so groß machen, aber man kann es in sehr deutlicher Weise anbieten. Diese geschlechtliche Erziehung im weiten Sinn ist nun eine Sache der Eltern. Wir können sie ihnen nicht abnehmen. Auch die Schule kann da aus einer Reihe von Gründen im besten Falle unterstützende Funktionen übernehmen, und ich glaube, auf Breitenarbeit gesehen, ist es doch immer noch am fruchtbarsten, die Eltern selbst anzusprechen, ihnen die Möglichkeit zu geben, sich beraten zu lassen. Es gehört mittlerweise so etwas auch zum sozialen Prestige, sich in Erziehungsdingen ein wenig auszukennen, und ich finde, das ist ein Trend, den wir nur unterstützen können.

Beck: Die Problematik, die hier geäußert worden ist, ist natürlich eine solche, die früher nicht in dieser Klarheit und Dringlichkeit da war, sondern die eine wesentliche Parallelerscheinung unserer gesellschaftlichen Entwicklung ist. Das ist gar kein Zweifel. Aus dieser Problematik heraus haben wir gesagt, als Wissenschaftler sind wir verantwortlich, aber wir sollten nicht nur forschen, sondern auch Abhilfe schaffen. Wir haben zum Beispiel ein Kinderdorf gegründet, und zwar als Modellfall der Natur angepaßt, nicht der Erziehung durch eine Frau, die mit zwölf Kindern allein in einem Hause überfordert wäre. Wir haben die Häuser mit je einer natürlichen gesunden Familie besetzt und diesen Familien Kinder gegeben, die aus gestörten Verhältnissen kamen, aus geschiedenen Ehen usw. Wir haben auf diese Weise ein erziehungsfähigeres Umfeld geschaffen, keine Kinderdörfer mit Halbfamilien, sondern mit Ganzfamilien.

v. Kracht: Der Gedanke ist hervorragend. Es wäre darauf zu achten, daß die Kinder möglichst früh dorthin kommen, nicht erst im Alter von sechs Jahren, sondern schon als Säugling, am besten gleich nach der Geburt, damit sie dann in einer solchen familiären Geborgenheit aufwachsen und rechtzeitig Partnerschaftsbeziehungen herstellen können und nicht erst, wenn die Organisatoren gar nicht mehr aktiviert werden können. Das wäre eine sehr entscheidende Prophylaxe.

Herter: Ein Gedanke drängt sich immer wieder auf. Man redet von Erziehung schon seit Jahrzehnten, und wenn man den Durchschnitt betrachtet, stellt man fest, daß die Sexualkriminalität gleich bleibt. Wie ändern wir denn dieses gleiche Gewicht? Ich glaube, darauf müssen wir zentral zustoßen. Vielleicht machen wir die Sache noch nicht gründlich genug.

Kerschbaum: Eine kleine Warnung dazu: Statistische Werte sind zwar sehr wichtig, aber doch für unser Handeln nicht endgültig maßgeblich. Wenn eine Kurve aus nichtaufzuklärenden Gründen in den Jahren gleich bleibt, sollten wir trotzdem nicht resignieren.

Herter: Wir dürfen uns den Tatsachen nicht verschließen, daß wir in unserer jungen Gesellschaftsordnung auch keine weiteren Einengungen auf größerer Ebene zu verzeichnen haben. Natürlich können wir die Statistik nicht auf den einzelnen Fall anwenden und auch nicht verallgemeinern; aber ich glaube, wir sollten nun von allgemeinen Empfehlungen doch mehr auf Einzelfragen zurückkommen, damit wir eine gewisse Änderung erreichen können.

Beck: Jeder, der eine Reform will, scheitert meist an einem ganz eigenartigen perseverativen Block, das ist ein Phänomen der Bürokratie. Schon früher hat man geklagt: Eine Wissenschaft gerät erst 50 Jahre später ins Volk.

Nass: Ich glaube, an diesem Punkte sollten wir unser Gespräch abschließen. Ich darf kurz zusammenfassen, was sich ergeben hat. Wir sind nicht mit dem Bewußtsein hierhergekommen, daß wir eine Patentlösung finden können. Die Diskussion hat gezeigt, daß wir nur Aspekte anleuchten können und versuchen, Wege aufzuzeigen. Da hat sich ergeben, daß es einmal notwendig ist, die Erstsymptome zu erkennen, zu sammeln, nach verschiedenen Aspekten zu sichten, daß wir zweitens Institutionen, die schon existieren, anregen können, sich mit diesen Fragen etwas genauer zu beschäftigen, daß diese aber auch stärker an die Öffentlichkeit treten sollten; daß ferner diese Institutionen noch viel stärker besetzt werden sollten. Es sind dieses die Erziehungsberatung, die Eheberatung, die schulpsychologischenDienste usw. Jedenfalls sollten die Möglichkeiten, die wir an sozialen Einrichtungen haben, für die vorbeugende Bekämpfung von Sexualdelikten ausgenutzt werden. Die Referate und auch die Diskussionen haben uns zu der Erkenntnis geführt, daß Verbrechen nicht unwandelbares Schicksal sind, sondern daß wir Möglichkeiten haben, durch rechtzeitiges Erkennen der Symptome und Einleitung sozialtherapeutischer Maßnahmen der Auslösung krimineller Handlungen auf sexuellem Gebiet vorzubeugen.

Kolibri 360 GmbH
Ferdinand-Jühlke-Straße 7
99095 Erfurt, Deutschland
produktsicherheit@kolibri360.de